O dilema do Vegano

Roberto Juliano

O dilema do Vegano

crônicas, viagens e receitas

TAPIOCA

Coordenação editorial: Márcia Duarte
Projeto gráfico: Vivian Oliveira
Imagem da capa: American Images Inc. / Getty Images

Dados Internacionais de Catalogação na Publicação (CIP)
(Câmara Brasileira do Livro, SP, Brasil)

Juliano, Roberto
O dilema do vegano : crônicas, viagens e receitas / Roberto Juliano.
-- São Paulo : Edições Tapioca, 2012.

Bibliografia
ISBN 978-85-65908-00-9

1. Crônicas brasileiras 2. Dieta macrobiótica - Uso terapêutico
3. Receitas vegans 4. Saúde - Promoção 5. Veganismo 6. Vegetarianismo
I. Título.

12-07960 CDD-869.93

Índices para catálogo sistemático:
1. Veganismo : Crônicas : Literatura brasileira 869.93

www.edicoestapioca.com.br
contato@edicoestapioca.com.br

Sumário

Prefácio

O dilema do vegano é um livro divertido. O autor, Roberto Juliano, escreve como fala, numa comunicação tão irreverente e solta que ficamos íntimos dele logo nos primeiros capítulos.

E quem imagina que um livro que trata do veganismo seria muito sério ou aborrecido terá uma agradável surpresa. Essa leveza é conseguida sem deixar de informar, dar dicas, uma verdadeira aula (ele é professor) sobre produtos éticos, as armadilhas que consumidores veganos encontram na nomenclatura dos rótulos, as pegadinhas que nossos "amigos" lançam para nos testar (será que a nós ou a eles mesmos?).

O Roberto demonstra muito comprometimento com suas escolhas, o que é fundamental para acreditarmos no livro. E admirarmos seu ativismo, acompanharmos suas catarses, (há algumas, e essas não são engraçadas).

Este livro só tem um perigo: ativar muito nossa gula. Porque, leitoras e leitores, ele é todo generosamente recheado de receitinhas de dar água na boca. Chamo de receitinhas não porque elas sejam de menor tamanho ou importância, mas porque, da forma como ele as descreve e explica, parecem todas muito simples de fazer. E saborosas. E veganas, sem crueldade embutida. Farão bem para nosso corpo, alma, consciência, para nossa saúde e a do planeta.

Bom proveito!

Nina Rosa Jacob
Fundadora e presidente do Instituto
Nina Rosa - projetos por amor à vida

Introdução

Quando o vegano quer comer alguma coisa, prepara o alimento na cozinha da sua casa com a consciência de não infringir nenhum dos títulos do seu rigoroso regulamento pessoal. Vale-se de legumes, hortaliças, gorduras vegetais, proteína texturizada, enlatados ou congelados de indústrias reconhecidamente vegetarianas (isso quando ainda não fez a transição para uma alimentação menos processada, coisa muito comum) e dos artigos que na despensa só entraram após meticulosa análise dos ingredientes utilizados em sua composição. Há um trabalho de garimpo nisso tudo que só a confiança no acerto de suas decisões e a paixão pela militância podem explicar e justificar, pois as compras demandam tempo, cautela e informação.

Se, entretanto, esse "militante" *trabalha fora* e vale-se de restaurantes *a la carte*, *por quilo* ou *bufê* para almoço, lanches ou jantar, há problemas graves e comprometedores à espreita, pois no preparo dos mais diversos pratos com certeza estará presente o elemento animal, do caldinho de galinha – *que não faz mal a ninguém!* – e do açúcar refinado branco à inocente sobremesa de frutas com sorvete, pudins e bolos cremosos com apelos irresistíveis.

Ao abordar o que chama de "desordem alimentar nacional", Michael Pollan toma emprestado de Paul Rozin, psicólogo e pesquisador da Universidade da Pensilvânia, a expressão "dilema do onívoro", utilizada para designar a dificuldade das escolhas alimentares que brota exatamente na possibilidade de comer quase qualquer coisa que a natureza tenha a oferecer, pois a escolha pode recair sobre elementos com capacidade para adoecer ou até mesmo matar o homem. É preciso escolher com critérios rigorosos, pois aquele cogumelo aparentemente suculento pode esconder o tóxico mais letal.

A questão do que comer na próxima refeição, para um comedor especializado, não poderia ser mais simples: ele come o que está à disposição, como para um coala australiano estão disponíveis as folhas de um eucalipto e para um tamanduá-bandeira oferecem-se cupinzeiros e formigueiros. A especialidade do tamanduá é, aliás, visível em seu extenso focinho e sabida em sua língua de 60 cm, aparelhada com uma substância grudenta, uma gosma da qual os insetos não conseguem se livrar.

Já para um onívoro, como somos nós e os ratos, "uma grande quantidade do nosso cérebro e do nosso tempo precisa ser dedicada à questão de saber qual dos muitos pratos que a natureza nos oferece seria seguro comer. Nós nos fiamos nos nossos prodigiosos poderes de reconhecimento e memória para que nos guiem para longe dos venenos."[1]

O onívoro humano possui, além dos seus sentidos e da sua memória, "uma cultura capaz de guardar a experiência e a sabedoria acumulada"[2] historicamente. Isso facilita um pouco, enquanto cores e brilhos parecem acorrer para lembrar-lhe graus de doçura e de frescor. Permanece, entretanto, o dilema de escolher bem, não errar e efetivamente sobreviver.

Com o advento da sociedade industrial, o que se come foi parar nas gôndolas das lojas, super e hipermercados. O dilema, agora, é apenas optar entre as diversas ofertas seguras (mas nem tão seguras assim) expostas nas *ilhas*, gôndolas e prateleiras.

Às vezes, coisa que nos últimos tempos vem acontecendo de forma recorrente, algum modismo irrompe nos corredores desses estabelecimentos, fazendo com que determinadas substâncias e produtos ressuscitem o medo ancestral, e transforma os mais deliciosos acepipes em guloseimas assassinas, tóxicas e de efeito imediato, ou disfarçado e cumulativo, criando os mais severos males

1. Pollan, Michael. *O dilema do onívoro*. São Paulo: Intrínseca, 2007.

2. ibid.

ao longo do tempo. Está instalada, então, a "desordem alimentar" que Pollan enxerga nos hábitos de seus concidadãos: vê o americano desligar-se daquilo que lhe é fartamente oferecido nos pontos de venda, para adotar dietas experimentais que excluem ora os carboidratos, ora a carne vermelha, as gorduras "trans", os conservantes ou os transgênicos.

Claro, é bem outro o dilema do vegano.

Onívoro por cultura, vegano por escolha, sua situação é bem mais complexa. Os males de que padeceria em escolhas infelizes não seriam somente físicos, mas também morais e emocionais.

Em nome da ética, e de uma peculiar compreensão do mundo, o vegano nega-se inúmeros pratos do cardápio e, nos supermercados, suas escolhas são dramaticamente reduzidas pelos usos e costumes de uma sociedade que em tudo e por tudo vale-se de substâncias extraídas dos corpos de animais criados de forma intensiva exclusivamente para esse fim.

Decidido a não consumir o que possa acarretar sofrimento a outros animais, ele vai "de branco por uma rua cinzenta", causa uma certa *espécie* e acaba, não raras vezes, por preferir guetos a exposições sociais comuns. Opta por restaurantes especializados em gastronomia vegetariana, foge até mesmo da alimentação natural, que muitas vezes abriga um "peito de franguinho orgânico grelhado", evita os animados churrascos de sua turma e sente no osso a tristeza que lhe causa esse mundo que gostaria de ver melhorar, cada vez mais, harmônico e pacificado, nas relações de todos os seres vivos.

Nessa luta – porque há aí uma luta contra toda a herança cultural e contra si mesmo, por decorrência – existe uma caminhada rica. Ficam anedotas pungentes, hilárias ou somente curiosas, momentos de epifania, deslumbramentos, pensamentos e sentimentos concorrentes.

De tudo isso, um pouco está aqui registrado, com alguma prosaica colaboração para a próxima refeição, pois imaginar receitas sempre é um exercício trabalhoso e qualquer colaboração acaba por ser bem-vinda. Ao mesmo tempo, fica também a esperança de alcançar, com esses instrumentos, uma nota que toque, efetivamente, a consciência, fazendo brotar consequências para uma reengenharia planetária.

Isso não é um desejo secreto, é o objetivo confesso destas páginas. Claro que há também objetivos não expressos. Sempre há. Eles poderão ser lidos nas estranhezas.

CAPÍTULO I

A transformação

Foi um susto: ecochato! Sim, repentinamente eu me transformara em um gângster, um perigoso subversivo vegano, daqueles que sempre falam no assunto, sempre respondem às perguntas sobre o assunto e não se importam de ser vistos como ETs, *causando* em cada lugar a que vão. Gostei! E gostei principalmente quando soube que o governo norte-americano anunciara, oficialmente, que os ativistas de direitos dos animais seriam a ameaça número 1 em termos de terrorismo no país. Isso ocorreu em 2006. Claro que a afirmação refere-se à A.L.F., pois nos anos 1990 tudo se resumia a manifestações pacíficas, panfletos, abaixo-assinados, vigílias, concentrações, e a Animal Liberation Front optou por uma linha mais agressiva.

Como vegano, senti-me parte desse mundo mais para o *underground*, se é que posso dizer assim. Por ser um pacifista radical convicto, tornei-me par de um terrorista aos olhos da potência do capital? Amei! E qual o papel mais gostosinho a ser assumido por um ex-comunista, um ex-inocente útil, um empedernido idealista?

Fiquei sendo. Sou um ecochato com muita honra, sim senhor. E... não, não estou nos quadros da A.L.F., o que de nada adianta dizer, pois se estivesse não o poderia declarar. Permaneceria *Behind the mask*.[3]

---

3. Característica anônima dos ativistas que usam máscaras como as do tipo "ninja" ou as de motociclistas. O vídeo Behind the Mask (Por trás da máscara) é um documentário sobre a A.L.F. e seus esforços para libertar os animais das torturas causadas pelos homens. Dirigido e produzido por Shannon Keith, advogada de direitos animais muito atuante nos Estados Unidos.

CAPÍTULO II

Glutão carnívoro

Sempre tinha para mim uma escusa: haveria um dia em que peixes e "frutos do mar", leia-se "camarão" (pelo menos, pelamordedeus!!!), eu comeria, na busca de um meio termo entre o radicalismo vegetariano e o radicalismo onívoro (mais para carnívoro, o predador ativo que eu era). Afinal, a característica mais notável dos santos das igrejas era a moderação, e deixar de comer carne parecia ser apenas dar um passo no difícil caminho que fatalmente leva ao Castelo de Esmeraldas, residência de Oz. Sim! Comer carne era algo pesado, inferior. Deixar de comer carne era evolução, um passo a caminho do Bem. E lá estava eu, a caminho da Santidade, a fazer de conta que me esquecera de que Adolf Hitler havia sido vegetariano, aquela pústula maligna. Acho que foi assim. Talvez não tenha sido assim, mas sempre me condeno antes do julgamento, antes mesmo da apresentação dos fatos, antes da leitura dos autos, que é pra não ter surpresas doídas.

É que eu parara com todas as carnes. Todas! Não comia mais os meus amados churrascos, churrascos ardorosamente preparados até bem tarde da noite, quando, cansado, chegava do trabalho, dando aulas até as 23 horas e levando pelo menos 50 minutos no percurso escola-casa. Passava pelo supermercado, ali na praça Panamericana, comprava pedaços diversos de bois, galinhas, patos, e também comprava linguiças, salsichas e aparas diversas, porque o verdadeiro carnivorista sabe que há mais sabor de sangue nas chamadas carnes de segunda. Dali, casa, churrasqueira elétrica na cozinha, consciência plena de que a dieta do dr. Atkins faria seus efeitos, como todo e qualquer gordinho sabe. Essa dieta foi criada pelo cardiologista americano Robert Atkins e ficou conhecida em todo o mundo como a dieta da proteína. Sua principal meta era restringir severamente a ingestão do carboidrato em todas as refeições e priorizar o consumo de proteínas, ou seja, alimentos de origem animal como carnes, ovos, peixes, bacon, embutidos, queijos amarelos. Atkins já morreu. Acho que foi coração. Teve infarto em 2002 e morreu em 2003, dizem que de uma queda, seguida de coma. Sei que há muitos interesses econômicos em jogo como impedimentos para que se possa definir com clareza a *causa mortis*.

Essa era a única dieta com que eu simpatizava. As outras, as de contenção calórica, bem, essas só com apoio do dr. Collettes, meu endocrinologista, único em quem confiava e confio.

E, depois, parar com os excessos, emagrecer, eu acreditava ser possível só com muita carne, que eu nunca considerava excessiva. Assim eu era: o glutão que comia presunto no café da manhã, bifes e carnes de panela, guisadas, assadas ou cruas, em rosbifes, quibes ou lâminas cruas finíssimas, o carpaccio, com limão e mostarda, no almoço e no jantar, sem contar as boquinhas a qualquer hora do dia, da noite ou da madrugada. Acho até que agora seria uma boa hora para uma receita de carpaccio de abobrinha, mas temo que seja prematuro falar de algo tão-tão vegetariano. Muito forte para o momento, coloco lá no final, para não chocar ninguém.

Então, não se engasgue, leitor amigo (mas, afinal, isto não é leitura pra se fazer comendo hambúrgueres). Que diabo foi que aconteceu que me transformou no monstro assustador vegano?

Sim, eu vou contar.

CAPÍTULO III

O capricorniano diante do bife

Escrevo chafurdando nas dúvidas. Meu objetivo neste capítulo (porque não posso garantir que essa proposição se mantenha) é contar como me tornei eu mesmo um tonitroante palavrão ambulante, aquele que as pessoas, antes de o convidarem para almoço, jantar ou festa, perguntam-se, com sincera angústia, se haverá alguma coisa que o *convidado difícil* possa comer, pois diz-se que "ele só come verdurinhas". Mas não vou apenas contar como me tornei, narrar meu dia a dia, minha fome nas ruas e avenidas nas cidades todas feitas para matar, vender e comer bichos. Esse é meu escopo, porém nada interessante caso não mostre quem eu era, o antes e o depois, pra poder fazer algum sentido e justificar o esforço.

Talvez valha a pena esticar o pescoço, afinal, é só mais um capítulo, como tantas vezes espertamente disse o Machadão. Mas a verdade é uma só: se não me mostrar por inteiro, se não me rasgar todo, haverá somente zumzumzum, não conseguirei escândalo. E eu gostaria que o meu texto fosse um show, um show com clamor, perplexidade, rostos afogueados, vergonha alheia, fama repentina. Pronto! Acordei. Vamos lá, então.

Nasci em janeiro, sou capricorniano e minhas patas gostam de galgar montanhas entre pedras e pouco capim verdinho para apreciar, como qualquer cabrito que se preze. Meus pais deixavam de comer carne para oferecê-la aos filhos, pois consideravam que comer animais era um hábito saudável que nem toda a família podia praticar, dado o alto custo da guloseima. Aos domingos, o luxo: carne de frango, ou galinha, como se dizia no tempo em que a galinha ainda não havia perdido o direito ao próprio sexo, e que era mais cara que a de boi; ou o quilo e meio de coxão duro em um só pedaço, para fazer assado de panela. Esse era o cardápio, quando a carne dos porcos era apenas ocasional. Os anos se passaram, eu estudei, eu saí de Santos, fiz graduação em Letras, fui preso pela ditadura militar algumas vezes (diz que agora no Chile querem chamar a excrescência de "regime militar"; os chilenos é que são o verdadeiro "bando de loucos"? – pois aqui, agora, o nome é ditadura civil-militar – me engana que eu gosto!), me formei, trabalhei, vivi, casei, pari. Sempre comendo carne, e muito, muito disso.

Houve um dia, porém, em que olhei para um bife e percebi que era a primeira vez que via um.

P@,4

CAPÍTULO IV

Abrindo os olhos: a matrix

Deixei o bife de lado naquele dia. Isso não era novidade, uma vez que sempre escondera o bife sob o arroz-feijão pra comer no fim, pois na minha infância o pitéu era filho único e eu o poupava, enquanto repetia arroz, repetia salada, feijão...; o bife lá, firme.

Portanto, no dia em que o deixei de lado não estava aparentemente fazendo coisa muito diferente do que fizera tantas e tantas vezes. Mas nesse dia foi diferente: deixei o prêmio no prato e fui-me a outras coisas. Queria conhecer o tamanho da falta que ele me faria no dia em que, pela primeira vez, refuguei mesmo o objeto do desejo de tantos e tantos anos.

É que eu também estreava a visão de bife como pedaço de um bicho morto, justo eu que, ainda na véspera, tinha insinuado uma dança com o cadáver de um frango que temperava. Parei porque vi o olhar de horror da minha filha, boquiaberta com o desplante. Era sincero. E eu, que ficava furioso com a *frescura* que julgava ver nas recusas dela em comer comida servida com talher que tivesse tocado em pedaços de animais, abri os olhos.

Meu avatar abria os olhos pela primeira vez e via, ainda impreciso, um mundo de que nem sequer suspeitara. Começava, ainda muito tímida, a transformação. Mas o que aconteceu depois fez muitos estragos mais, e a culpa, a responsabilidade inteirinha, foi dos meus alunos.

CAPÍTULO V

Formas nominais: gerúndio

Eu tinha-tenho a mania de me pinchar nos ouvidos dos alunos. Sempre me abri, sempre procurei deixar muito claro que aquele que comparece à sala de aula *soy jô*, não me valho de subterfúgios, e tenho o maior respeito por essa minha característica de antimito. Assim, eu conjugo o verbo contar. Conto tudo, digo o que penso ou sinto com a maior desfaçatez, às vezes ao contrário, de forma "levemente" irônica, porque, também, me arregaçar todo, de forma direta, pode ser muito forte para a pudicícia dessa geração tão delicada.

E comecei a me queixar, em praça pública: *Pessoal, estou evitando comer carne. Pessoal, estou com problemas pra comer carne. Pessoal, não sei o que está me acontecendo. Gente, estou com medo de mim e das minhas reações.* Uma sequência de pedidos de socorro, se me entendem.

Foi então que, depois de quatro meses de queixas e de abstinência, fui repentinamente possuído pelo passado e atravessei a Ermano Marchetti como um zumbi, braços estendidos apontando para o rodízio de carnes que fica logo ali, bem em frente. Foi uma carnificina, quer dizer, a carnificina já havia ocorrido e eu apenas dava o mais entusiástico aval que uma mortandade obscena pode requerer. Comi, comi a mais não poder todos os tipos de carnes e embutidos que me foram oferecidos. Depois, mais tarde, vomitei até as tripas. Não sei o que me deu.

E fiquei sem saber até dali a quatro meses quando, após outro período de abstinência, o demo novamente tomou meu corpo e o zumbi ressurgiu para nova sessão de degustação na churrascaria. Nesse dia, vomitei o cérebro – achei que ia morrer.

A epifania foi violentíssima: essa porra faz mal, pensei. Não que isso me fizesse muito efeito, pois nada abala alguém que por quatro décadas tinha sido um fumante de três maços diários de Minister, lixando-se para esse negócio de *faz mal, dá câncer* ou *enfizema, morre,* essas coisas.

Mas continuei sem comer carne, sem saber onde é que isso ia dar, simplesmente porque olhava para a carne sabendo.

Nas salas, eu continuava me queixando.

Foi então que um aluno-amigo resolveu assumir a responsabilidade a que me referi no capítulo anterior e me convidou para ir à casa dele, quase onze horas da noite.

CAPÍTULO VI

O estranho mundo da avó do Alex

– Você está maluco? Até chegar lá, meia-noite, amanhã logo cedo, aula.

— Vamos lá! Fulano vai, beltrano idem, vai sicrana, bastante gente. Vai ser rápido e você vai gostar.

Alex não tinha lá aquele estilo *tipo assim* carinha mais descolado da turma, era *tipo assim* reservado, e era vegetariano básico, *tipo* aquele que não come porque não gosta, nunca foi chegado, mas não liga, não faz proselitismo, quase nerd, mas específico, ligado à informática, uma voz sem acentos, monocromática, mono tudo. Relacionava-se com a galerinha do mal, porém sem expandir-se. Reservado de gesto e comedido com a turma grande, mas infiltrado no pretume dos góticos e no moicano negro-colorido dos punks, sabia acompanhá-los na cerveja (da qual, aliás, tornou-se qualificado produtor artesanal), embora se limitasse a não julgar nem imitar ninguém em produtos – digamos – mais fortes. Um colega legal, mas antenado, com o cacoete verbal *tipo assim* mais entranhado que eu já ouvira.

Quadro de horrores. Quadro de errores. Até agora estou nocauteado, nem sei bem o que me atingiu. Nem sabia que existia, que era assim...

É surrealista, talvez na minha imaginação. Normal com os outros? Não me parece.

Paramos antes de entrar. Perguntei qual era e ele me respondeu: *essa aqui!*, com a naturalidade simplória de quem sabe que já chegou.

Havia escada em zigue-zague pelo meio do barranco onde algum dia talvez se projetara um jardim em declive – que alternativa?! –, degraus difíceis e gastos, quebrados, malfeitos, um corrimão de cano de um quarto de polegada no último zague. A escada acabava no alto do barranco, de frente para uma varanda cimentada ao rés do chão, um puxadim, tudo escuro, não se via quase nada, uma caixa de papelão amassada, acho que de sapato, uns panos, uns tijolos amontoados na parede gorda, musgo, reboco desgraçado, esburacado. A casa estava um barracão estranho. Não tinha cara de ser habitada, mas dois do grupo parece que já haviam estado lá; a aventura apenas ensaiava. Nunca pensei.

Entramos. A porta estava fechada, a chave não estava sob o tijolo e ele teve que dar a volta e entrar por alguma brecha, sei lá por onde, mas o fato é que em seguida a porta se abriu e nós entramos. Era a cozinha, lâmpada de quarenta velas, as coisas de praxe meio expostas entulhando tudo, mas no teto um forro fofo de plástico meio prata – grafite? Paredes quase só tijolo, nenhuma cadeira, nenhum aconchego, mesa de madeira no centro, quadrada, com uma prateleira cheia de panelas e outros utensílios por baixo, troço esquisito.

Da cozinha saía-se para um corredor igual, que dava para um quarto, e outro corredor e sei lá que mais, não fui ver, nem olhava muito, não quis ficar muito indiscreto, vi sem ver. Mas meu coração pulava.

No corredor contíguo à cozinha, o que inicialmente me pareceram destroços de um computador. Luzes piscando. Desmontado e funcionando, pelo menos aceso; papéis por todo lado, bolor(?), sujeira(?) e uma tela apagada com destroços ligados e piscando, nenhum indício no teto de alguma iluminação maior que quarenta quando fosse acesa, nada. O que havia mesmo eram coisas, coisas por toda parte, coisas indefinidas, trecos, isso sim, trecos. Não imaginei que alguém morasse numa profusão dessas, e ele que me desculpe, porque sei que ele vai ler isto aqui, mas um especialista, um ajutório para a vovó, tipo assim, saca? Meu! Coisa indescritível! Depois de alguns preâmbulos, ele colocou o DVD.

Nos preâmbulos, contou que a avó pirara. Atualmente, estava no Mato Grosso. Colecionava. Havia gavetas. Centenas de gavetas. Nas gavetas, milhares de coisas, bloquinhos de anotação, cortadores de unhas, presilhas. Ela saía, ia à Vinte e Cinco, comprava no atacado. Engavetava. Saía, ia à Vinte e Cinco, comprava... Céus!

CAPÍTULO VII

À guisa de interregno

Algumas coisas foram puladas até aqui. Tenho que retroceder. Se eu não contar o que foi a reação das pessoas nesse processo de transformação, você não entenderá o que foi que me levou, naquela noite, a assistir parcialmente ao DVD que o Alex colocou pra rodar. Rapidinho.

CAPÍTULO VIII

Meu pai no Uruguai

Palmas calorosas. A plateia está feliz, naquela noite. Pais, mães, professores, primos, tios e tias, criançada da rua, vizinhos, todos sorriem orgulhosos porque um nome bem conhecido de cada grupo será chamado para receber um mimo e um diplominha de participação naquele concurso literário em que entravam todos os estudantes de primeiro e segundo graus da cidade. Mensalmente, os professores de português de todas as escolas selecionavam os melhores textos, as melhores redações das classes e depois das séries de sua escola e as enviavam para a Prefeitura. Lá, eu as coletava e encaminhava a um júri isento, para as classificações. Participavam todos, desde que alfabetizados, com critérios próprios, da criatividade à expressão. Bimestralmente, a festa: os melhores da cidade. E a festa maior: os melhores do ano, de todas as séries, de todas as escolas, de toda a cidade.

A plateia só queria aplaudir. Natural! Havia orgulho no ar, satisfação. Era o Concurso Permanente de Criação Literária. Permanente. Era pra ser permanente. Mudou o prefeito, e a nova administração, que aliás era do mesmo partido, extinguiu a permanência, como se fosse fonte luminosa da praça central da cidadezinha do interior inaugurada pelo antecessor. Bem, era uma cidadezinha do interior, de 40 mil habitantes. Ninguém reclamou (ninguém nunca reclama, pois os imbecis que se vangloriam dizendo não gostar de política são fabricantes de putas, mendigos e de outros famélicos, sem se darem conta disso, sendo por isso que os sabemos imbecis). Os professores, aliás, estavam fartos de ter que corrigir e escolher redações e enviar para a Prefeitura sem ganhar mais por isso porque, afinal, professor é profissional, não um sacerdote, como os sindicatos sempre gostam de lembrar. Homessa! Aquele, pois, foi o último ano.

Então, eu a chamei. Compenetrada, levantou-se, os lábios combatendo-se mutuamente, a professora acompanhando, veio ao palco. Minha filha! A minha filhota havia sido classificada, seus 9 anos e sua redação *Meu pai no Uruguai* faziam de mim um pai orgulhoso que – sim! – tinha mesmo ido ao Uruguai fazer compras para toda a cidade: especificamente, 120 toneladas de carne.

Quem me mandara ir? O prefeito. Quem dera a ideia? Eu mesmo. Quem estabelecera as negociações? Eu. De quem era a responsabilidade? Minha. Qual era o problema? Falta de mercadoria em todos os 12 açougues da cidade e venda clandestina de carne a preços extorsivos no pasto mesmo, onde a marreta fazia o seu papel de sempre, liberta das amarras da *higienização* que o matadouro *garantiria*. Dessa forma, *maus* brasileiros de outros partidos driblavam as boas intenções do ministro Funaro do *meu bom* partido (como se escreve *rir aos montes* nas redes sociais?) e seu ambicioso Plano Cruzado, nascido para fenecer em um governo falhado, sem forças, indesejado e contestado.

Foi assim que, sem esperar, virei *fiscal do Sarney*. Que arrogante e jovem loucura!!! Emnomedopaidofilhodoespíritosantoamém!!!

Bom, valia qualquer troço àquela altura do campeonato (olha só eu já me desculpando); a inflação atingia níveis que nestes anos iniciais do século XXI nem são concebíveis. Os jovens sabem de ouvir falar, não são capazes de sentir a volúpia de colocar 100 dinheiros na caderneta de poupança no dia primeiro de um dado mês e sacar 140, 150, 160, 170 dinheiros no dia primeiro do mês seguinte. De fato, nestes tempos em que se fala que a inflação pode ultrapassar a meta de 4,5% prevista para o ano, aqueles são números que André Breton não supunha: "Cara imaginação, o que mais amo em ti, é que tu não perdoas".

Quando, novamente, de novo, mais uma vez, idem ibidem se congelaram os preços no Plano Cruzado (o Cruzado foi, *lato sensu*, um plano econômico lançado em 1986, no governo Sarney, com o objetivo de reduzir e controlar a inflação com uma nova moeda, o cruzado (Cz$), em substituição ao cruzeiro, valendo cada cruzado nada menos do que 1.000 cruzeiros. Os preços de todos os produtos foram congelados, assim como os salários, e após alguns meses começaram a faltar mercadorias nos supermercados. Como não podiam reajustar os preços, muitos empresários e fazendeiros resolveram não colocar seus produtos à venda. O resultado foi o desabastecimento no País), a carne simplesmente desapareceu dos açougues e de todas as mesas (quer dizer, de quase todas, obviamente).

Eu, assessor técnico do prefeito Giácomo, de Pederneiras, li, em sei lá qual jornal, que os habitantes da fronteira começaram a ir ao país vizinho buscar os bifes da próxima refeição. Ficava tudo tão claro!!! Já que os fazendeiros brasileiros estavam levando seus rebanhos ao Paraguai, como forma de impedir seu confisco para os estoques *reguladores* do governo, por que não comprar carne diretamente no exterior? Hã? A Prefeitura compraria e revenderia aos açougues. Custo zero.

Propus e obtive autorização para iniciar as pesquisas. Nem titubeei. Liguei para o Uruguai, informações, falei o meu portunhol bravamente conquistado na viagem hippie à Argentina, hablei con la telefonista sobre lo que desejaba e em un ratito de tiempo hablei con un senhor, que era el dono del frigorifico más rotundo, que si, que no, que eras facile, que podreía ir-me, que el precio, que en la planta... Pronto!

En coche oficial, eu, o ex-vice-prefeito y el motorista atravessamos la frontera, utilizando como cachecoles nuestros ponchos de reserva, en el frio de los pampas, posto que de subito se nos quebraram los vidros del coche.

Fechamos o negócio, 120 toneladas, em partidas de 18 toneladas por caminhão, cuidadosamente pesadas quando chegavam à cidade, distribuídas por todos os açougues, recursos que saíam do tesouro municipal e que a ele retornavam, dentro do esperado, pois os açougueiros se encarregaram de comprar e revender x quilos (vou lá me lembrar agora qual a quantidade por pessoa?) por freguês. Houve furos, denúncias, em dois dias nada mais restava do primeiro carregamento, arrobas e arrobas desviadas para outros municípios, eu ligando, hablando por supuesto, pedindo que matassem mais e mais bois, apressassem o envio...

Sim, eu perguntei quantos bois seriam mortos para a obtenção das 120 toneladas de carne, fiquei sabendo e esqueci. Não era importante. Nenhum boi era mais que uma coisa, carne saborosa, uruguaia, a melhor do mundo, que eu percebi ser de vaca, gordura amarela que eu, sem ligar para essa revelação de gênero, queimei também nos churrascos de fim de semana, tão comuns em todo o centro geográfico do Estado de São Paulo, para ficar em uma só região.

Para a menininha que subia ao palco, com os olhinhos brilhantes e os lábios comprimidos, a redação *Meu pai no Uruguai* era só a velha história do Pai Herói, pois fora o papai dela, e não o de outra, quem conseguira suprir as deficiências da proteína animal de toda a cidade, que "correra riscos" e agora não mais, graças ao papai.

Por meu turno, eu a recebi e abracei orgulhoso, consciente da minha grandeza diante dela, agradecido pelo fato de ela perceber essa minha virtude, as mãos trêmulas de *papai querido* entregando um diplominha que ela recebia naturalmente, uma vencedora convicta. Via-a descendo do palco, a mão segura pela professora, que recebeu meus parabéns, mas eu sabia que eu, eu é que merecia aqueles cumprimentos e aplausos, eu que era o pai, o responsável pela sementinha que germinara e brotara e que acabara por se transformar em uma escritora mirim, laureada. Quantos quilos engordei ali, em poucos minutos?

O cotidiano: nos finais de semana, todos os finais de semana, churrasco. Recebia meus alunos em casa, muitos dos meus auxiliares na escola que mantivera e mantinha, o Colégio Progeral, com churrascos. Comprava linguiças, picanhas, corações bovinos, alcatras, cupins, costelas, sempre em quantidade muito acima do que seria consumido, para que sobrasse e houvesse, com fartura, durante toda a semana, até o próximo fds (estou aprendendo a língua feicebuquiana).

Carne assada, carne assada de panela, picadinho, quibes, trigo com carne, tudo com carne, coisa com carne, croquetes, sanduíches mexicanos, salsichas em molho, esfirras de carne, abertas ou fechadas, presuntos, tudo, absolutamente tudo o que a carne e os seus derivados ofereciam era degustado em minha casa, onde eu também criava galinhas, onde eu matei o Mário. Matei o Mário na minha própria casa e talvez seja por essa razão que ela se tornou uma casa de aluguel, onde ninguém para, segundo me informaram as diversas sensatas pessoas de quem indaguei a informação, meu caro Rosa.

Sim, matei-o e até hoje me questiono. A morte do Mário não rendeu epifania quanto ao ato em si, mas fez de mim um estúpido. Nem devia, mas vou contar. É rápido e vai doer, que a melhor catarse se faz de improviso.

CAPÍTULO IX

Mário

Nunca me pareceu razoável não ter um galinheiro, morando em casa térrea e tendo quintal. Morar no Interior e não criar galinhas? Obter ovos frescos, caseiros (naquela época não se falava em orgânicos, embora eu acreditasse que no futuro assim seria, não por acaso mantendo, na chácara, uma horta que chamei de *Naturae*, quando tentei vender seus produtos na feira municipal). Quanto me ridicularizaram por isso! Era um tolo, diziam, um tolo.

Professor do Anglo (Bauru, Marília, São Carlos, Lençóis, Botucatu), viajava toda a semana e meu único lazer era, ao chegar, ir direto para a chácara, parar o carro e ficar olhando, olhando, um bem danado me atingindo os olhos de dentro, coisa que quem devia nem foi capaz de perceber. Infelizmente, o destino ganhava de goleada.

Em casa, um terreno razoável nos fundos, com tangerinas, poncãs, mandioca, limão, roseiras, uvas, beterrabas, cenouras. Não havia galinhas. Não havia ovos. A autossustentabilidade parecia exigir de mim alguma providência.

Avisei minha mulher, que concordou, mandei fazer um galinheiro, comprei pintinhos de galinhas poedeiras (eu ainda não suspeitava que essa coisa de aves de corte e de ovos já era fruto da manipulação industrial). "Olha, essas não crescem muito não, pois são para ovos. Botam que é uma beleza, ainda pequenas. A ração é esta, custa tanto etc." Foi tudo.

Levei os pintinhos, arrumei um caixote com quirera, água em potinho, uma lâmpada acesa, para oferecer calor (nem me toquei sobre a orfandade dos pintinhos, não questionei não terem mãe para aquecê-los naturalmente), tudo como já vira meu pai fazer, quando eu ainda não era pai.

Assim que os pintos cresceram, coloquei-os no galinheiro, de resto um cercado com tela de arame, uma cobertura, nada mais. E tome ração. E mais ração! Novamente ração!

Três meses se passaram. A sustentável criação tornara-se insustentável e incômoda. Os olhos esbugalhados das aves pareciam mostrar a loucura, atacavam-se, não havia paz e nem, muito menos, ovos. Ovo Zero, essa era a política implantada pelas 12, depois 11, agora 10, mas só 9 galinhas. Simplesmente sumiam.

Pela manhã, ao me aproximar, vi uma delas caída, a perna estraçalhada, justamente a maior de todas, a galinha estranha, penas por todo lado. Dos sumiços anteriores, restavam, quando eu ia ver, somente penas. Deste quase sumiço, restavam penas manchadas de sangue, uma ave com a perna estraçalhada e finalmente a explicação: uma raposa, ou gambá, ou saruê, andava comendo as franguinhas, arrancando-as do galinheiro pela tela de arame. Aquela, entretanto, não passara pelo buraco, os olhos foram maiores que a boca e, por escolher o maior petisco, o ladrão não ganhou nada. Era um frango, nunca botaria ovos.

Tirei-o dali, apiedado. Fiz uma tala, amarrei sua perna a ela, imobilizando-a e molhando-a com azul de metileno. Por dois meses, o estranho pirata da perna de pau andara pelo terreiro, livre, leve e solto, ao contrário das frangas loucas, olhos incisivos, desmesurados, comendo, comendo, brigando, comendo, bicando, comendo, uma imensa despesa com ração especial para postura, sem nenhum ovo na contrapartida.

Mário, pois esse ficou sendo seu nome, desfilava altivo. A tala retirada, ele fazia parte do quintal, sempre cagado com a fez do pássaro (o frango é um pássaro?). Era Mário pra cá, era Mário pra lá, as crianças se acostumaram, ele parecia um débil mental indiferente, ciscando, andando, quase nem mancava, embora algum azul ainda lhe restasse na pele.

Resolvi mudar as coisas. A horta dava muito trabalho. Imaginei um jardim, uma pequenina piscina de fibra só para as crianças, um gramado extenso. Eliminei os canteiros, parei de lutar contra a decadência de algumas frutíferas, irremediavelmente condenadas, encomendei placas de grama São Carlos, perguntei ao camarada lá da chácara, que plantava vassoura e milho *de ameia*, se ele sabia plantar grama.

O cara me garantiu que sim, que queria 500 sei lá qual dinheiro, que colocaria uma terra "gorda" (até hoje me lembro do "r" desse *gorda*, uma vibrante gutural perto de um "o" molhado e adiposo), que eu devolvesse a grama, que com placas era ruim, que ele plantaria mudas, que daria mais certo, enfim, ganhou-me. Mandei fazer.

Assim que percebi a fúria dele entrando e saindo com latas de terra "gorda", a ideia veio. Que fazer com o galinheiro no meio do jardim? Só despesas e mais despesas, reclamações dentro de casa, invariáveis, sujeira, cheiro, nada de ovos. Fora um erro, mais uma tentativa falhada. Perguntei ao dito cujo se, por acaso, ele sabia matar galinhas. Claro que sabia, garantiu. "Quer que eu mate quantas franguinhas?" "Todas!" Nem pisquei, nem havia por quê. Nem carne renderiam, mas daria pra recuperar algum de todo o dinheiro que eu havia jogado fora, meses e meses de ração especial. Pararia de gastar, ao menos, se assim não fosse.

Uns minutinhos, nem dez, se passaram. "E o frango solto? Mato também?", perguntou, e a resposta rápida: "Também!" E depois depenando, água fervente, eviscerar, eviscerar, cortar cabeça... Eu poderia escrever aqui, porque posso escrever qualquer coisa, que aquilo me causou uma certa repugnância, mas seria mentira. O que senti foi absolutamente nada. Tudo estava sendo como tinha que ser; não olhei para nenhuma das aves enquanto ele as executava, nem conhecia cada uma das nove vidas, nem nada mais que o olhar esbugalhado e louco. Passei seus corpos na chama do fogão, lavei, embrulhei em plástico, coloquei no freezer horizontal, um por um. O maiorzinho, bem, esse já separei para o almoço, era o único que talvez sozinho renderia uma *mistura* para nós todos. Pedi à Toninha para que o assasse.

Sentamos, conversamos, começamos a nos servir.

— Pai, onde estão as galinhas? – era a Bethaninha.

— Mandei o moço matar, pra gente comer. Elas não cresciam nem botavam ovos.

— Ah!

— Pai, esse aí da mesa era também?

— Sim, esse também. Lembra do Mário? — perguntei, elucidativo, pronto para detalhar alguma coisa sobre a criação doméstica, o que se espera etc., quando um grito horrível interrompeu tudo:

— Mataram o Mário! — ela gritava, ela chorava, as mãos na cabeça, berros pavorosos que eu ainda estou ouvindo.

— Mas o que que tem? — perguntei estupefato, sem nem sequer suspeitar do tamanho, da grandeza do que eu havia feito, quando vi a pequenininha, a Amanda, colocar as mãozinhas na cabeça, juntar-se aos berros da irmã, caprichando ainda mais. E as duas, aumentando o volume:

— Mataram ele! Mataram o Mário!

Minha mulher pegou o prato dela, ainda só de salada e arroz, levantando-se, falando um mas *meudeusdocéu*, essa mania de chamar bicho com nome de gente não podia dar certo, que ideia essa, e o som seguinte foi o do garfo esvaziando o prato no cesto do lixo, o choro das crianças aumentando, o almoço definitivamente estragado, eu também sem fome, a Toninha fazendo muxoxo de quem nunca aprovara aquela barbaridade, eu com cara de otário, o Mário no centro da mesa, agora solitário, ninguém mais na roda. Fazer o quê?

Peguei o prato do frango, digo, do Mário, e o virei no lixo, intacto. Terminei a sequência de fotos, pois os fatos se transformaram em imagens indeléveis, estranhos registros de uma vida em que eu não era eu, era outro eu, uma culpa que o outro passou para este, uma culpa que vou levar para sempre.

Sim, que fique muito claro: a minha transformação em vegano não é uma coisa que os conhecidos de longa data possam entender com facilidade. Antes, duvidarão, e muito, achando que é mais uma fase, como disse meu filho: "Não se preocupem, é só mais uma fase. Logo passa". Falarei sobre essa coisa das *fases* mais tarde.

CAPÍTULO X

A retomada

Pronto! Voltei. Precisava mostrar alguns fantasmas que me assediam, algumas sombras que me visitam. Não vou fazer proselitismo de baixo custo, quero mostrar minhas maiores vergonhas despudoradamente para que o meu leitor se assenhore de mais e mais dados. Não haverá julgamento, pois eu nem daria bola, só quero deixar as cartas fora da manga, pois aqui não há um jogo. Tornar-me vegano foi um passo esdrúxulo, decorrente de um fulminante momento de lucidez. Não acredito que as pessoas, de modo geral, possam dar esse passo em condições normais. Há um estranho despertar nisso tudo, arrancando os tubos que a Matrix enfia, assumindo o controle do avatar pelo lado inverso. Bem, deixemos de lado as digressões quase todas. Boralá!

Para mim, não adianta entrar em um lugar ou ir a um evento esperando encontrar o que comer. Se quiser comer cadáveres, há, em profusão. A quantidade e a variedade são enormes. Tem bicho morto de todo jeito, à parmegiana, à milanesa, ao raio que o parta, picadinho... mas comida, comida mesmo, de verdade (porque animais não são comida, são companheiros de viagem e parceiros na vida), isso não é fácil de encontrar nos mercados, nas ruas, nas praças de alimentação.

É por causa disso que eu sempre estou com um pé atrás. Dois.

Bullying

Há coisas que melhor se dizem calando, já que em 1881 inventaram esse jeito tão claro de dizer.

CAPÍTULO XI

A primeira receita – e a seda

Hora do rango, e hoje eu não estou a fim de. Mas a fome chegou. Se fosse fácil, eu iria até um boteco qualquer e comeria lá, mas só de pensar naqueles pratos de bicho boiando e nos talheres encharcados de defunto em cima das coisas que eu vou comer, opto por comer arroz branco, feijão (quando vem sem toucinho de porco, o indefectível *bacon*), salada de folhas, tem mais não. Um macarrãozinho honesto, um feijão limpinho, grãos diversos, verduras refogadinhas em azeite e alho, bem, nada disso rola, quanto mais um pouco de soja texturizada com sabores *gourmet*.

Então, lá vou eu pra cozinha fazer o meu ***Macarrão trinta minutos***.

Pego um pacote de macarrão de semolina de grano duro, do tipo que a Barilla trouxe para o Brasil (bendito Collor de Melo – Senhor!, nunca pensei que eu diria isso – horror! – que abriu as exportações) e que agora a Adria, a Renata e a Petibon fabricam também, e ponho na água fervente com um pouco de sal. Não, não coloco óleo na água porque não precisa. Essas massas não levam ovos em sua confecção e têm um ponto de cocção muito interessante, pois em 8 ou 10 minutos já se encontram *al dente*, isto é, gostosas de mastigar. Em outra panela, ponho 2 colheres (sopa) de azeite extra virgem, 2 dentes de alho amassadinhos, 1 cebola bem picadinha e refogo, refogo, até quase dourar. Aí jogo pedacinhos de pimenta doce, rodelas bem fininhas de cenoura, um pouco de ervilhas verdes frescas, 1 tirinha de tofu defumado bem picadinho e 2 tomates sem pele e sem sementes também picadinhos. Mexo e mexo, em fogo bem alto e rapidamente, porque não quero que tudo vire uma pasta só, e corrijo o sal. Viro o macarrão cozido e escorrido dentro da panela, mexo bem, ponho no prato, um fio de azeite por cima, um cheirinho verde e...

Pronto! Resolvi em poucos minutos a questão da fome. Agora, volto ao computador. Sim, os prazeres reservados para um quase vegano são inúmeros, porém há desvantagens, todas elas superáveis pela satisfação, mas há.

Um vegano é alguém que fez escolhas e aceitou renunciar. Assim, renuncia a certas roupas, como as de pura seda, a certos calçados, como os de couro. Ainda não falei da seda?

Pois é. São coisas que a gente aprende aos poucos. Se não quero matar um determinado bicho ou causar-lhe sofrimento, por que aceitaria fazer mal a outros? Tudo vem na decorrência e é isso que ocorre com relação ao bicho-da-seda, essa lagarta que se fecha gloriosamente em um casulo construído com o fio mais formoso e que só ela sabe fabricar. Depois, ela romperá o casulo, cortando esse fio, rompendo-o, estragando-o, e é exatamente essa a parte que não interessa ao homem. Assim, antes que ela saia do casulo, eles são jogados em água fervente, para que a lagarta morra e o fio permaneça inteiro e possa ser utilizado pela indústria da seda.

Depois, quer saber? Como as uvas estão verdes, também a seda não me interessa. Hoje há seda sintética, que causa um efeito bem parecido. Falta verdadeira a natural não faz! Viro as costas para a seda, molhada do sofrimento dos bichinhos, e não lavo as minhas mãos – eu conto tudo.

Continuo na luta e recuso mel também. Sim, isso será razão para outro capítulo, lá à frente.

CAPÍTULO XII

Ovos: a produção industrial

Se eu exijo macarrão sem ovos, tenho razões fortes para isso. Não, não sou um vegano real, total; tenho cá minhas ideias. Se eu tivesse galinhas sob meus cuidados, essas simpáticas cacarejantes e aparentemente tolas e egoístas aves ciscantes, eu provavelmente não me negaria a roubar descaradamente alguns de seus ovos para comer. As galinhas botam, elas conjugam o verbo botar, pelo menos deveriam (se fosse sempre assim, não teria ocorrido a maldita tragédia que contei lá atrás – pare com esse julgamento, Alter! Não estou transferindo a culpa). É isso o que elas fazem, devem fazer. Mesmo sem conhecer galo, as galinhas botam.

Se não são fruto de uma relação, digamos, amorosa (ora, deve ser amorosa, que é que eu estou virando? Algum especista cheio de moral?) com o macho de sua espécie, este empinado e orgulhoso polígamo que desfila altaneiro as asas pelo terreiro para nos esfregar na cara sua superioridade máscula, se não for assim, repito (eta período longo, sô!), os ovos não se transformarão em outras aves. São fruto da natureza da galinha. Ela bota e esses ovos se estragarão depois, inúteis e inutilmente. Não me recusaria a comê-los: eu aproveitaria todo o esforço daquela gravidez psicológica e, dessa maneira, não mataria nada nem ninguém.

Mas os ovos que se encontram à venda são galados?

Claro que não! Nas granjas, a sexualidade das galinhas nem é questionada, pelo contrário, os machinhos são descartados ou destinados a corte. Ninguém os guarda para um possível futuro romance com as poedeiras. Mas se os ovos não são galados, melhor dizendo, a caminho de transformarem-se em novos pintinhos, estão, por outros meios, igualmente impróprios, além de fazerem parte do insalubre processo industrial de produção, coisa sob qualquer título inaceitável.

Os ovos habitualmente vendidos no comércio varejista são produzidos em regime intensivo, em que as galinhas poedeiras são criadas e mantidas em gaiolas de bateria, vale dizer, pequenas gaiolas de arame que partilham com outras galinhas. Essas gaiolas são empilhadas umas sobre as outras formando as tais "baterias". Dessa maneira, é possível haver num mesmo barracão tamanho padrão da criação industrial cerca de 100 mil aves, sem ar fresco nem luz natural. Uma frenética e sofisticada maquinaria fornece o ar necessário e a luz, sempre presente. Não existe noite nos imensos barracões, o regime de trabalho desconhece a semana inglesa, repouso ou sono. É sempre dia, sempre hora de comer, sempre hora de botar.

Em vez de ciscar e banhar-se ao sol, cada galinha dispõe de um espaço de 550 cm^2, de acordo com a legislação, o equivalente a menos de uma folha de papel A4. Passa sua vida ali, trancada, não podendo abrir as asas para tentar voar, nem sequer estendê-las (razão para pústulas horríveis), e o instinto de procurar ninhos onde pôr seus ovos padecerá sempre da mesma frustração.

Devido à falta de exercícios, essa máquina de produção de ovos terá, em menos de um ano, fraqueza tal em seus ossos, muita vez quebrados, que raramente se sustentará em pé, sendo então descartada para ração ou abate para consumo humano – quem o sabe? Ironia das ironias, a ração pode ser para consumo da ave na gaiola ao lado. (Não! Nem daria tempo! A vizinha também tem data marcada para morrer. Outras moradoras transitórias virão.)

Criadas dessa maneira antinatural, elas desenvolvem durante suas curtas vidas estressadas diversas patologias, inclusive o canibalismo, bicando-se sem cessar, absolutamente loucas. Por essa razão, e também para que não tentem ciscar, prática inerente à espécie, as galinhas passam por um processo chamado de debicagem ainda quando pintos, em que os bicos são cortados para que não possam ferir as aves aprisionadas a seu lado e sejam forçadas a comer mais ração a cada bicada. Ciscar nunca mais, mas abocanhar.

O chão de arame, vital para a higienização das baterias nesse ambiente infecto e insalubre, é bastante prejudicial. À medida que as unhas crescem, vão-se enrolando no arame e não é raro que haja crescimento da pele ao redor do aramado, impedindo a ave de se mover, comer ou beber.

A quantidade de medicamentos, de hormônios e de antibióticos a que são expostas, única maneira de combater as pragas que o confinamento e a intensividade propiciam, impregna-se nos ovos.

Não é preciso muito para deduzir, com acerto, as causas das novas cepas de bactérias, como as da *Eccherichia coli*, da gripe aviária, da vaca louca, da gripe suína: é a irracionalidade do manejo. A criação intensiva de aves e outros animais para exploração e consumo humano abriu a caixa de Pandora.

Falta contar a saga das aves de corte, todas elas chamadas de frangos, de peitos imensos e coxas esplêndidas, um feito considerável da engenharia genética. Depois eu faço isso.

CAPÍTULO XIII

Sono profundo

Já contei que meus pais deixavam de comer carne para que os filhos pudessem comer. Havia poucos bifes, o consumo era caro para nossa classe, mas essa história de abstinência só fiquei sabendo muito depois, meu irmão que contou, sempre são os irmãos que contam. Coitados! Eles acreditavam que a carne era imprescindível para a saúde e o crescimento. Aprendi a valorizar a carne, o bife sempre escondidinho sob o arroz e o feijão para depois ter a surpresa de o encontrar. Sim, deixa-se o melhor para o fim.

Aprendi a comer carne com grande prazer, volúpia das refeições. Às vezes, bife a cavalo, quando um ovo entrava como coadjuvante, frito na banha de porco, a gema sempre se esparramando quente sobre o arroz e o feijão, enxugada com um pedaço de pão e muito miolo. Assim passei a infância e, com a morte da minha mãe, foi na comida de marmita, nos filés à rolê, no Saps, que passei a puberdade.

Na juventude, em Lins, havia os minibifes da tia Helena. Morei com ela durante um ano, o ano em que fiz faculdade lá, e meus primos e eu a atormentávamos com a história impiedosa dos mínis. Sim, ela os dividia mínimos e conseguia o milagre da multiplicação, alimentando toda a família, ela, meu tio, meus cinco primos, às vezes algum convidado. Não sei se havia abstinência ali, pois ela sempre enxergou meu tio como a prioridade maior. Os ovos, ela os comprava meio quebrados, com grandes descontos, e davam para a semana toda. Mas nem pensar em "a cavalo". Duas *misturas* em uma mesma refeição, nem pensar.

Passei depois por algumas pensões. Carne, normalmente parte do cardápio. Nas dietas, como me parecia lógico, eu deixava de lado as guarnições. A carne permanecia.

Assim, quando me pus a comprar mantimentos como provedor da minha própria casa, a carne era o elemento que não podia faltar, carro-chefe das compras, e isso coincidiu com o barateamento que se seguiu ao modo industrial de produção. Comi à farta e continuei comendo por muitos anos, carne e mais carne de todos os tipos e de todos os bichos que me ofereciam: carneiro, cabrito, boi, vaca, caranguejo, siri, gambá, javali, frango, galinha, galo, peixe, fígado de boi, rim de boi, testículos, pés, "miúdos" de porco, de galinha, mocotó, sangue, enfim, eu comi.

Talvez eu tivesse ouvido falar em vegetarianos, mas não posso assegurar isso, porque não me lembro. Jamais os aceitaria. Jamais os entenderia. Para mim, comer carne era saudável e natural, e não iria ser eu mais santo que Jesus Cristo, que multiplicara peixes para alimentar a multidão, e esses peixes para mim eram realmente peixes, nada simbólicos, nada de símbolo do conhecimento profundo, como protestam os estudiosos esotéricos. Peixe era peixe, e ponto.

CAPÍTULO XIV

Muitos anos depois

Passei por uma situação agora. Ia entrando em meu escritório, tudo escuro, quando pisei em algo macio, como um tapete amarfanhado. Bom dizer que a Sol, gata faceira, se recusara a entrar e, quando ela faz isso, porque sempre ou vai à frente ou está junto a mim, é porque tem algum saruê lá. Eles gostam, deliciam-se com ração para gatos. Agora, ela morre de medo de saruês, aprendeu que com eles não se brinca, já apanhou deles, já foi ferida, ao contrário do Frederico, que sempre avança e dá verdadeiras surras nos coitados. Meu escritório fica no meio da mata, área de preservação, ainda com animais silvestres (o leitor prefere selvagens?).

Acendi a luz. Lá estava. Grande, gordo, morto.

Terei sido eu? Afinal, são quilos e quilos. Mas eu pisei em massa inerte, nenhum gemido, nada. Ainda que lerdo, um saruê teria rosnado, teria berrado, mordido. Chamei o Jurandir, meu genro, que foi ver o que se passava, enquanto eu, ainda abalado, cuidava de outras emergências dentro da casa. Quando me encontrou, disse que o bicho ainda respirava, estava vivo, falou sorrindo. Liguei para a portaria, que ficou de mandar o segurança para as providências. Quis saber se era costume chamar veterinários, se havia algum procedimento. Não sabiam.

Quando o segurança chegou, lá estava eu, às voltas com outras prioridades, dessa vez ainda maiores, não pude esperar, ficou meu genro.

Foi buscar um saco de lixo, a saruê estava morta. Mas não respirava? Não! Eram os filhotinhos que se moviam no corpo dela.

Tive ainda tempo de pensar que não sei fazer cesariana. Fazer o quê? Foi então que eu soube que as saruês têm bolsa como canguru e ela devia estar com os filhotinhos na bolsa. Já teria parido.

Lembrei-me dela, então, gorda, lenta, assustadora e ouriçada como todos os de sua espécie, um afastar-se longo e pesado do escritório há mais ou menos um mês, logo depois de eu a surpreender comendo a ração da Sol, enquanto a dona do prato gritava como só os gatos (as gatas?) sabem.

De acordo com o segurança, a saruê fora atropelada e, por alguma razão, arrastou-se até o escritório, tentando salvar-se, ou salvar aos filhotes, pelo menos. Também, de acordo com o que me foi passado, os filhotinhos não sobreviveriam sem o leite da mãe; não havia salvação.

Será? Por que então ela escolheu morrer dentro do meu escritório? Fico eu no meu sentimento com essa culpa de todos os males do mundo me oprimindo o peito. Ela foi morrer lá, onde várias vezes eu a encontrei e deixei que batesse a cabeça nas vidraças, puro pânico, tentando fugir, sem acertar a porta, sem fazer-lhe nenhum mal, só dizendo que se acalmasse. Ela foi lá, onde sabia que não lhe faziam mal, coisa muito diferente do que era normal acontecer, e aos da sua espécie, quando com a minha se cruzavam.

CAPÍTULO XV

Fazer o quê?

Dia de ressaca. Só sei que não estou bem. Depois de tudo que aconteceu ontem (este livro bem poderia ser O diário de um vegano), fico sem saber pra onde vou ou o que faço. De férias, bem poderia talvez viajar, mas falta vontade, falta gosto. Talvez Paris, mas aí falta grana. Pra Praia Grande não vou. Hoje não. Nem amanhã.

Então, bora cozinhar.

Para curtir esse tipo de ressaca sentimental, acho que vou fazer a ***Pappa col pomodoro***, uma antiga receita italiana que a Rita Pavone (acho que ninguém mais sabe quem é ela – paciência! –, é o preço por ser testemunha, ainda viva, da história), na canção do mesmo nome, deu a receita todinha. É uma delícia inesperada, um presente para o paladar e para distrair minhas lembranças, que não me atormentem mais e me deixem a sós, eu com minhas culpas primordiais.

Para fazer esse prato, não vou precisar de muita coisa e talvez seja por essa razão que ele é tão gostoso. É uma receita tradicional toscana que pode ser servida em qualquer época do ano, pode ser fria, quente, requentada; é muito prática.

Para ser suficiente para umas 4 pessoas, pego 400 g de tomates vermelhos frescos, 250 g de pão "dormido" de qualquer tipo (o italiano é o melhor mesmo e os pães de fôrma ficam muito gostosos, mas eu uso caseiro, que eu mesmo faço), 4 folhas grandes de manjericão (alfavaca ou basílico), alho (a gosto, tem gente que adora, tem gente que detesta), um pouco de pimenta calabresa, 1/2 xícara (chá) de azeite extra virgem, sal e pimenta-do-reino também na medida do gosto. Eu não ponho muito, pois aqui o pessoal gosta de pouco sal. Mas uso sempre sal marinho.

Coloco o azeite em um pilãozinho junto com a pimenta calabresa, o manjericão, o alho e soco bem. Faço um molho de tomate misturando esse tempero aos tomates sem pele e sem sementes. Deixo no fogo até os tomates se desmancharem. Jogo o molho sobre as fatias de pão arrumadas em uma frigideira funda e deixo repousar, mexendo de vez em quando até o pão também desmanchar. Levo ao fogo e mexo, até tudo se transformar em uma pasta.

Coloco folhas inteiras de manjericão enfeitando e rego generosamente com azeite. Será que eu preciso dizer que tudo é feito ouvindo a Rita Pavone cantar? Depois, trato de engordar mais um pouco, que ninguém é de ferro.

É preciso seguir, é preciso viver.

CAPÍTULO XVI

Abelhas e mel

Não. As abelhas não fazem mel para enfeite ou para nosso deleite. O mel é produzido por elas e armazenado para a alimentação delas mesmas durante o inverno.

As abelhas são grandemente responsáveis pela vida na Terra. Exagero? Não, nada disso, apenas dramático. Em termos ambientais, as abelhas são importantes polinizadores naturais. Ao levar o pólen de uma flor a outra, elas induzem a formação de frutos e sementes. Ou seja, são protagonistas na reprodução das plantas, não são meras coadjuvantes. O fenômeno temível que vem ocorrendo é o fato de que elas saem em busca de néctar e pólen e não retornam mais às suas colmeias. Esse misterioso sumiço tem sido notado nos últimos anos nos Estados Unidos, no Canadá, em países da Europa e até no Brasil.

O fato é que das 100 espécies de lavoura que produzem 90% dos alimentos do mundo, mais de 70 são polinizadas por abelhas, e elas estão desaparecendo. Nos Estados Unidos esse fenômeno tem sido muito agravado e os cientistas tentam descobrir as razões, hoje em grande parte e empiricamente atribuídas aos agrotóxicos, mas fala-se até em celulares como vilões. Ainda não se sabe.

O que temos de certo é de outro nível: o principal alimento das abelhas é o néctar produzido pelas plantas e encontrado em diversas espécies de flores. Elas o sugam com a língua (sim, elas têm uma língua apenas, embora tenham cinco olhos). Produzem a comida armazenável, que é o mel, dentro de casa, a colmeia, que pode abrigar milhares, aproximadamente 60 mil habitantes, coisa trabalhosa de alimentar. Enquanto as abelhas comem mel, a rainha se alimenta de geleia. Só ela. Não é por outra razão que o nome é geleia real.

Veganos não consomem mel. Preferem melado de cana, aliás tão ou mais saboroso quanto, em qualquer circunstância, em qualquer receita. Fica apenas o medo sempre presente em relação aos agrotóxicos. O mel é de origem animal, mas não é essa a razão principal pela qual os veganos não o comem, até porque não faria sentido o famoso *não como porque não como, pronto!*, ou o *não como porque sou vegano*. A questão não é a *garantia de denominação de origem controlada*, a rotulação e a bandeira acima de tudo. Não! O problema é maior.

Os zangãos têm a cabeça arrancada pela indústria apicultora. No momento da decapitação, ocorre um impulso elétrico (eu chamo isso de dor) em seu sistema nervoso, que causa uma resposta sexual, uma espécie de ejaculação – que sei eu, que sabemos nós? Espreme-se então o seu corpo e milhões de espermatozoides são obtidos para a inseminação artificial da rainha. Neste ponto, claro, não faltarão aqueles que lembrarão a morte do zangão no momento seguinte ao da relação sexual com a rainha, o assassinato que a própria vítima busca até a consumação, essa lasciva criatura que faz da morte no gozo alguma coisa literal e definitiva. Daí, que diferença faz?, dirão. Faz muita, já que fazem questão que eu verbalize. Uma coisa é morrer acasalando, ejaculando, prazer supremo que a natureza propicia, outra – bem outra! – é morrer como objeto nas mãos e por arbítrio de outra espécie. Ou não?

Mas não é só da produção industrial que se deve falar. Vários aspectos condenáveis dessa produção são reproduzidos em escala menor pelos apicultores, digamos, artesãos, como a defesa das colmeias face ao ataque dos predadores naturais, mecanismo de controle instituído pela natureza, como tatus e iraras, caçados implacavelmente para não comprometer a safra, mas comprometendo o equilíbrio do ecossistema.

O nó górdio, entretanto, é a ganância.

O mel é produzido pelas abelhas para alimentação da sua nação. Armazenam-no para os períodos em que o néctar escasseia, necessitando de toda a produção para a sua sobrevivência. Mas a apicultura continua saqueando o mel das colmeias mesmo no inverno, matando de fome todo o enxame.

Tem mais, mas não avançarei. De que adianta falar das chamadas princesas, criadas pelas abelhas em períodos fartos para erigirem-se em novas rainhas e que são mortas pelos criadores, às vezes ainda enquanto larvas, para evitar êxodos de operárias quando da constituição de novas colmeias? Muitos aspectos sobre terminações nervosas ou terminações não nervosas, tudo isso para tentar justificar o injustificável, poderiam ser discutidos, mas não é este o espaço. Por enquanto, para atender essa fome que me consome, vou é fazer uma boquinha e vai ser com melado. Vou preparar ***Tofu grelhado com molho de maracujá***.

Não vou precisar de muita coisa: um pedaço de tofu de aproximadamente 250 g, 1 maracujá (acho que tenho um bem enrugado lá no cesto de frutas, e, portanto, muito rico em sumo), 3 colheres (sopa) de melado de cana (quem nunca comeu melado quando come se lambuza, diz o ditado, de tão saboroso que é), 1 colher (sopa) de sementes de erva-doce, 2 colheres (sopa) de azeite extra virgem, sal e pimenta-do-reino, e a quantidade disso vai variar de pessoa para pessoa.

Corto o tofu em fatias de mais ou menos 1 centímetro de espessura, na extensão do pedaço de 250 g, polvilho um tico de sal e grelho em superfície não aderente, untada com azeite, até tostar dos dois lados. Organizo então as fatias grelhadas em uma assadeira qualquer, de forma escalonada, a lateral de uma sobre a lateral de outra. É aí que eu espalho sobre elas um molho feito na mistura da polpa do maracujá, sementes inclusas, com o melado, 1/2 xícara (chá) de erva-doce, pitadas de sal e de pimenta, regando tudo com o restante do azeite. Forno por algum tempo, só até borbulhar um pouco.

É assim que eu faço. Experimente! Fácil e saboroso, especialmente com o acompanhamento de arroz e folhas de alface.

Um conselho para os que têm medo de experiências: esse molho é uma delícia porque maracujá, melado e erva-doce fazem uma química quase inacreditável. Vai na fé!

CAPÍTULO XVII

É difícil parar de mamar

Pudim de leite condensado. Nossa! Sim, é gostoso. Sempre gostei. É o doce da minha infância, a sobremesa dos domingos especiais na minha casa de classe média baixa, lá na Vila Belmiro, pertinho do campo do Santos. Claro, pelo preço do leite condensado, à época, o pudim só rolava mesmo quando havia convidados especiais para o almoço, ou mesmo no Natal. Era a sobremesa, não era apenas uma sobremesa.

Quando você faz uma escolha, faz renúncias na contrapartida. Acho que é sempre assim. Não tenho medo de repetir. Se parei com o leite, obviamente neguei-me o leite condensado e o... pudim. Difícil? Sim, muito difícil para um bom garfo, boa mesa, boa boca. Mas não é difícil se você está enfiado em uma batalha muito pessoal contra tudo que signifique um atentado a valores muito caros, ainda que recentemente adquiridos.

Volto no tempo. Meu irmão aprendeu a tomar leite durante as refeições, como acompanhamento. Leite cru, frio ou, de preferência, gelado. Às vezes, quase um litro. Aprendeu no quartel, quando serviu no Forte Itaipu, foi o que nos disse. Assim, não faltava leite no almoço quando o soldado estava em casa, e eu, meus 10 anos incompletos, aprendi.

Durante muito tempo tomei leite frio às refeições, uma espécie de refri inventado lá em casa, embora eu saiba que ainda hoje há pessoas fazendo isso, como acompanhamento para salgados e doces. Quer coisinha mais saborosa do que leite gelado acompanhando uma bela goiabada cascão? Como? Você não gosta, leitor? Fez cara de coisa, agora. Mas eu gostava, certo? E continuei gostando. E você, se não gosta, é um ser suspeito. Muito suspeito.

Aprendi a fazer doce de leite usando leite puro e cozinhando durante horas, com açúcar, um prato de sobremesa no fundo da panela, emborcado, mexendo o leite com a fervura, para não encaroçar. Quem dirá de um brigadeiro de prato, às duas da matina, quentinho, no inverno, no calor, no raio que o parta? Delícia! Delícia!

Não é fácil resistir quando você sabe que há uma latinha órfã de leite condensado no armário prontinha para ser voluptuosamente mamada até a última gota no meio de uma larica qualquer, dois furinhos, um para o ar, outro para você.

Leite. Entregue pelo leiteiro do Drummond de casa em casa, junto com o pão, comprado em vidros, depois saquinhos, agora *tetrapack*. Em caixas grandes, com 24 unidades, substituindo o leite em pó nas mamadeiras, milhões de litros, bilhões de litros. Meu Deus, de onde vem tanto leite?

Lembro-me do leite puro que eu comprava em Pederneiras; uma fornecedora até adiantava o progresso e acrescentava água, pra ficar mais saudável – para ela, claro! Lá em casa usava-se leite no bolo (bolo sem leite? Argh!), leite no caldo verde, leite no pão, pra dar mais *sustância*, como diziam as avós.

E a coalhada síria? Bastava uma colher de coalhada de um dia para garantir a coalhada (mais um litro) do outro dia, além da lábana (coalhada seca) escorrendo no coador de saco alvejado, na torneira da pia da cozinha. Leite. Creme de leite. Roscas de leite e... chocolate. Chocolate *ao leite. Dio!!!*

Como renunciar a tudo isso e escolher ser vegano? Que espécie de cisma é essa que nunca é driblada na solidão de um carro, quando ninguém está vendo, em um restaurante sumido, no meio do nada, quando as testemunhas escasseiam? Uma viagenzinha para o exterior... Seria muito azar, surpreendido no meio de um sorvete com um bigode de creme. Caramba!!! Tinha me esquecido dos sorvetes, das três bolas da banana split, com todos aqueles troços por cima.

É muita renúncia, muita santidade!!!! Sou bom nisso. Será?

A propósito, existe o **leite condensado de soja**. A indústria corre atrás do preju, quer vender para todos. É muito gostoso. Talvez muita baunilha, mas baunilha hoje colocam em tudo, descuidou até na pasta de dentes, leitor. Com ele, fazem-se doces muito interessantes, como beijinhos de coco e recheios magníficos para bolos, coquetéis lindos e saborosos, caipirinhas, batidas. É, entretanto, um sucedâneo, não se esqueça. Tem mais.

CAPÍTULO XVIII

Leite: verdades e mentiras

A produção industrial de leite é muito eficaz. Seus métodos têm possibilitado um aumento qualificado na capacidade das vacas, às vezes mais de 20 litros/dia por cabeça. Os animais têm prenhez permanente, inseminadas artificialmente. As vacas leiteiras não conhecem touros e não conhecerão, nem amamentarão os filhotes que geraram e para os quais seu organismo fabricou o leite. Como a mulher, suas mamas produzem leite para a alimentação do filhote que, ao nascer, é imediatamente apartado, para que um equivocado bezerro mais guloso se aproprie daquele alimento. Voraz, o homem é o único mamífero sobre a face da Terra que continua mamando depois de adulto.

Grávida durante toda a sua vida, ordenhada mecanicamente, alimentada com rações enriquecidas de nutrientes específicos para maximizar a produção, hormônios e antibióticos, quando não mais puder procriar e encher de leite os bolsos de seus exploradores, a vaca, que tanto serviu, será descartada como um objeto imprestável e inapelavelmente morta com uma marretada na cabeça ou um êmbolo perfurando seu crânio.

Resolvi morrer um pouco, como dizia a Clarice, e fui à cozinha porque era hora de almoço e ninguém parecia muito disposto a fazer alguma coisa. Peguei 1 cebola, 3 dentes de alho e bati tudo no liquidificador. Joguei a mistura sobre o creme vegetal (algumas "margarinas" agora criaram vergonha na cara e tornaram-se cremes vegetais de verdade, sem cartilagens bovinas, nem tutano, nem soro de leite nem creme de leite – isso vem escrito na embalagem), que pus para derreter em um pouco de azeite e fritei ou refoguei durante algum tempo, até começar a grudar no fundo. Abri 1 lata de bife vegetal e coloquei para refogar, mexendo sempre. Acrescentei acho que 1/2 xícara (chá) de molho pronto de tomate, 1 colher (sopa) de mostarda, 1 tablete de caldo de legumes (desses que se encontram aos montes nos supermercados) e um pouco de água, mais ou menos 1 xícara (chá). Cozinhei por 10 minutos e finalizei com 1 pacotinho de creme de leite (de soja, naturalmente). Ia colocar um pedaço de pimentão bem picadinho, pra dar um sabor especial, mas me esqueci (ficaria uma delícia). Joguei a mistura sobre um pacote de penne (claro que de grano duro), cozido e escorrido, em uma travessa. Reclamei um pouco da preguiça por não ter colocado salsinha e cebolinha bem picadinhas por cima, sentamo-nos e comemos, esse ***Penne à moda***, minha filha e eu (ela reclamando que esse tipo de comida não é muito legal porque é difícil parar de comer.)

Voltei. Nasci de novo (só pra imitar a outra). Onde é que eu estava?

Sim, o homem é o único mamífero que mama depois de adulto e, abusado, mama na teta de outras espécies, mama na vaca, na búfala, mama na cabra, alegando necessidade de cálcio. Vamos combinar? Isso é mentira deslavada, é até prejudicial.

Se as vacas obtêm cálcio das plantas e têm ossos enormes, por que não podemos fazer o mesmo? O cálcio do leite da vaca é simplesmente inútil para nós. Esse leite tem um conteúdo insuficiente de magnésio, e a vitamina D nós a obtemos pela simples exposição à luz solar. As nações com maior consumo *per capita* de leite e laticínios também têm o maior nível de osteoporose. Coincidência? Beba leite, leite é saúde! – diz a publicidade. Será? Parece que não. O leite de vaca é maravilhoso, nutritivo e insubstituível para a saúde dos... bezerros, isso sim. Não parece razoável?

Então, sejamos razoáveis. Leite é um líquido branco, saboroso, carregado de nutrientes. É possível produzi-lo a partir da soja, da amêndoa, do arroz, da macadâmia, das nozes, das castanhas. E já há no mercado opções diversificadas na embalagem *tetrapack*. Preciso acrescentar que alguns são muito saborosos, até para uso culinário, e o consumo aumentou tanto que a indústria já poderia ter barateado um pouco. Infelizmente ainda é muito caro. Todos ganhariam com isso, inclusive ela, que poderia vender muito mais. Não acredito que eles pretendam continuar com a prática suicida de cobrar mais pelo leite de soja do que pelos leites de origem animal.

Qualquer dia eu faço um ou vários desses leites à moda caseira e aí eu conto como, dou a receita todinha. Agora é hora de morrer um pouquinho. Só um pouquinho.

* * *

Pronto! No fim das contas, beber leite de vaca é um mau hábito, um velho hábito que acompanha as pessoas desde a infância e que, no caso do meu irmão, e no meu, na decorrência, adquiriu tonalidades diferenciadas a partir dos hábitos que ele trouxe das companhias no exército.

O leite entra na vida das pessoas, portanto, de diversas maneiras: quente, gelado, com ou sem café, pela manhã, um copo morno antes de dormir, em forma de queijo, iogurte, com exagero na chamada terceira idade, para "evitar" osteoporose.

Não quero falar de intolerância à lactose, que só faz sentido para quem padece desse mal, nem da adição de água, no sacrossanto batismo, ou da criminosa soda cáustica, de que dá conta um escândalo recente, quando foi descoberta essa impensável adição por produtores irresponsáveis. A questão é que o tal do leite saudável não existe, ainda que a vaquinha produtora seja de estimação.

Se a produção é industrial, não há como afastar da ideia o sofrimento das vacas para estarem confinadas em espaços inadequados, pequenos demais, tomando hormônios sem cessar para aumentar a produção e permanentemente grávidas, artificialmente, para produzir sempre, e sempre apartadas de suas crias, até o final descarte. Também não dá para ignorar a agressão ao meio ambiente, na criação intensiva (quer saber? Mesmo na extensiva, nas proporções em que isso é feito).

Meu leitor quer cálcio? Busque-o no tofu, nas verduras escuras, como espinafre, couve, rúcula, agrião, brócolis. Quer absorver melhor o cálcio? Receba, pelo Sol, a vitamina D. Ninguém precisa de leite de vaca, búfala ou cabra. O bebê precisa do leite materno e a mãe não o tem na quantidade necessária? Há amas e bancos de leite materno, substância sem os inconvenientes do produto animal.

Mais de 80% das proteínas desses leites são caseínas, de difícil absorção pelo organismo humano, por vezes coagulando, causando diarreia, vômitos, dores. Algumas proteínas, como a albumina sérica bovina e a beta-lactoglobulina, são conhecidas por causarem microssangramentos intestinais em bebês, causa de anemias, além de alergias diversas. Mas o mais grave é que, por ser rico em aminoácidos sulfurados (cisteína e metionina), provoca a acidificação do organismo, no processo do seu metabolismo, provocando, como reação, uma busca por substâncias alcalinas, capazes de neutralizar essa acidificação. Que substância? O cálcio, por exemplo, presente nos ossos. Assim, a descalcificação dos ossos acaba resultando na osteoporose, exatamente o inverso do que diz a propaganda do leite.

Fica assim: as mulheres que mais consomem leite são as que apresentam as maiores incidências de osteoporose. Coincidência? Se for, pode ser que também o seja a associação que se faz entre o consumo de leite e diabetes tipo I (infantil), o enfraquecimento do sistema imunológico das crianças (cujos pais trocam o leite materno pelo leite de vaca), a obesidade (até porque o leite, rico em hormônios de crescimento, é alimento de bezerros, que se transformarão em bois enormes), diversos tipos de cânceres. Tudo pode ser coincidência. Ou não.

CAPÍTULO XIX

Ração para cães e gatos

Tenho que transcrever a carta que um amigo vegano, o Erivelto, me escreveu e postou como crônica no Facebook. É que o drama por que ele passou e passa é o drama incômodo de todos os (quase) veganos, que somos todos, sujeitos à vida em comunidade, no ambiente urbano. É drama pesado de consciência, em resumo, não saber como proceder.

Eis o que ele me disse:

> Hoje fui comprar ração para meus gatos. Como de costume, peço a quantia e digo que pode ser qualquer ração, contanto que seja para gatos. Tenho esse hábito por temer uma pergunta terrível, fico atemorizado em ouvi-la e, pior, ter de responder. De fato, sempre fico na porta do Pet Shop, para não ser surpreendido por tal pergunta. Mas hoje... a desgraçada atendente no meio do pessoal e do fundo da loja me grita: "Carne, peixe ou frango?".

Ele escolheu, afinal, depois de muito lutar com o fiscal que mora dentro dele e, afinal, dentro de cada um de nós, veganos ou não, vegetarianos ou onívoros, pois o maior cobrador é a nossa própria consciência. Pediu peixe, pensando que os peixes, ao contrário de todos os outros animais criados para abate, têm uma vida diferenciada, quase sempre livre nos oceanos, até o fatídico dia em que são pescados (e até devorados por peixes maiores). Melhor não pensar nos criames de salmões, nos pesqueiros de tilápias, no cativeiro de tantas espécies, pois pescar acaba sendo atividade de risco e é melhor tê-los à mão, economizando os custos.

Sim, é difícil cuidar de gatos, principalmente dos castrados, que se apegam tanto, e que recolhemos e mantemos, pois são carnívoros, ao contrário dos cães. Dizem os especialistas que é possível alimentar cães e gatos com uma dieta vegetariana saudável. Precisaria ser assim, pois os veganos e vegetarianos éticos atravessam problemas semelhantes. Os estudos prosseguem e os mitos começam a ser derrubados.

Excluímos do prato e da mesa qualquer alimento proveniente dos animais, evitamos produtos testados em animais, não aceitamos participar dos maus tratos, da matança, da coisificação dos outros animais. Entretanto, como fazer na hora de alimentar os peludos? Não, não pergunte nos *pet shops* nem ao veterinário, ainda que ele seja o médico oficial dos seus bichinhos.

É que a questão ainda enfrenta muitos preconceitos e muito desconhecimento. Reproduzem-se os conteúdos disseminados nas escolas veterinárias, algumas com defasagem muito grande em relação às pesquisas recentes. Isso, no Brasil. No exterior, é muito comum encontrar rações vegetarianas nas mesmas lojas de mercadorias veganas, fruto de pesquisas que vêm sendo realizadas há anos.

Algumas pessoas chegam a acreditar que têm que comprar ração para seus companheiros peludos. Nada conhecem da história e de como essas espécies se domesticaram. Vou contar.

Cães comiam comida; comida, não ração. Quando o Bonzo chegou (que era a marca sempre presente da comida para cães e que hoje é a pilhéria nas referências à proteína texturizada de soja), não veio como salvação, senão como solução. É que, às vezes, não havia sobras de comida para dar aos bichinhos, e faziam-se paneladas de quirera ou arroz com pedações de ossos, como comida feita especialmente para eles. Mesmo assim, era incômodo fazer, era pouco prático guardar. Então, as rações chegaram.

Inicialmente mais caras, acessíveis a poucos, depois mais baratas, hoje de todos os preços. (Lembra-se o leitor do sabão em pó? Não, provavelmente você nada sabe da "brancura Rinso", os sabões caríssimos que acompanharam o advento das máquinas de lavar roupas.)

As rações tornaram-se a comida deles por excelência, e a propaganda fala disso como único alimento. Os próprios veterinários, quando se referem aos pedacinhos que os cães imploram sob as mesas (você também não imploraria? Obrigado a comer ração, e a mesma ração, todo santo dia, toda santa hora, toda santa noite, entra mês, sai ano, Senhor!), chamam-nos de "agradinhos", como se fosse um grande pecado ceder às súplicas dos cães, onívoros como nós, aparelhados organicamente para a diversidade culinária e forçados à monotonia da ração, uma das maiores crueldades que podem ser feitas com um ser mecanicamente equipado para a escolha (pense nas galinhas abocanhando golfadas de ração, com seus bicos cortados, sem poder ciscar).

É, os veterinários também foram vencidos pela propaganda industrial, embora ninguém consiga, de fato, ter uma ideia minimamente clara acerca do que mora dentro desses pacotes. Os cães mais espertinhos não gostam, preferem as rações para gatos. Os gatos passam pelas rações para cães com suas narinas tapadinhas, com medo de sentir o cheiro. Só se aproximam das "premium".

Tá certo, tá certo, o mundo mudou, o mundo moderno pede praticidade, as rações alimentam os bichinhos que crescem bem e saudáveis (aparentemente, é só isso que eu sei, embora digam-se coisas) e pronto.

PC@,4

CAPÍTULO XX

Passear na Liberdade é cult

Fui ao bairro da Liberdade. Que belo lugar para passeio e consumo exótico. Por todos os lugares, há manifestações genuínas do Japão, da Coreia, da China. Bem, vá lá!, genuínas para turistas brasileiros de São Paulo e adjacências, pelo menos, pois os estereótipos sempre estão presentes e é claro que não retratam o que é a vida em Tóquio ou em Pequim, por exemplo, apenas refletem.

Digo isso porque todos sabem que há japoneses e japoneses; as pessoas são diferentes entre si e há grupos e grupos de pessoas, cada qual com sua cultura, seu modo de ser. Há, sim, japoneses veganos ou vegetarianos, mas ao procurar nos supermercados alguma coisa que se denuncie vegana, percebe-se que a tarefa não é coisa fácil.

Em primeiro lugar, há o hábito de se acreditar que tudo no Japão gira ao redor dos peixes. Então, qualquer molho ou prato pré-fabricado ou industrializado que se encontra leva peixe. Extrato de peixe ou extrato de bonito (que é, parece, a espécie mais largamente utilizada) são as expressões recorrentes dos rótulos na seção ingredientes, além do shoyu, que é o molho de soja fermentada, onipresença da culinária oriental. Sim, a maioria absoluta desses estabelecimentos pertence a nisseis sobremaneira presos à tradição herdada de seus pais, os japoneses que trouxeram na sua bagagem de imigrantes os costumes mais antigos de sua gente.

Sabe-se que os japoneses são os mestres da gastronomia que conseguiram criar uma infinidade de pratos e sabores com meia dúzia de ingredientes. Impressiona a quantidade de variáveis para o sushi. As algas marinhas e o arroz fazem uma algazarra de sabores e aspectos para premiar os paladares mais exigentes.

Experimente ir a um supermercado da Liberdade, daqueles especializados em produtos orientais. Entre as inúmeras bandejas de sushis, tente encontrar alguma em que não esteja presente o kani-kama ou ovos ou salmão. Será em vão.

Sim, é possível encontrar o pequeno e delicado sushi de pepino, o hossomaki kapamaki, mas sempre a bandeja estará com uma metade ocupada por sushis de kani ou, ainda, enfeitada com um pozinho vermelho, nada menos que o peixe *bonito* em pó. O vermelho é corante vermelho, carmim ou carmim de cochonilha, o pulgão (de preferência o pulgão mexicano, que é bem grande e gordo).

A ida a um restaurante vai piorar as coisas. Até o tofu poderá estar, lamentável ou tendenciosamente, banhado em molho de ostras ou molhos à base de shoyu com extrato de bonito. Pode-se, então, optar por um missoshiro, mas o bonito ralado como ingrediente é presença certa. Hondashi, marca registrada de uma empresa japonesa, "base verdadeira do tempero", parece ter tomado conta de tudo. Se preferir, peça os empanados, mas lembre-se de que a fritura do tempurá deve ocorrer no mesmo tacho em que comidas mais mortiças são executadas, e o yakisoba vegetariano sempre tem um toque de caldo de carne no molho, ou de camarão, que é pra "dar gosto".

Há, no entanto, restaurantes japoneses vegetarianos onde é possível degustar shimeji, missoshiro, rolinho primavera, tempurá, yakisoba e outros pratos, todos vegetarianos. Invenção brasileira? Não, a ideia vem do Japão e da China, onde está ocorrendo uma adaptação dos pratos tradicionais ao gosto da nova era.

Enquanto isso não ocorre por aqui, recomendo aos adeptos da comida japonesa um *faça você mesmo*. É saudável, prático, fácil e divertido, principalmente se for feito em companhia de pessoas agradáveis.

Gosto de ***Missoshiro*** nas noites mais frias, embora seja uma sopinha utilizada sempre, no dia a dia, para iniciar ou encerrar uma refeição. É um ritual, uma delícia, e quase sempre querem nos fazer acreditar que o pó de peixe ou peixe em flocos utilizado "para dar gosto" é parte intrínseca desse caldo. Não é.

O ingrediente principal é o missô, uma pasta salgada de soja, muito saborosa, com inúmeras utilizações, porque a performance dos ingredientes orientais é de uma gama quase infinita.

Então, 2 colheres (sopa) de missô em 1/2 litro de água fervente, um punhadinho de algas e pedacinhos de tofu fresco perfazem um caldo nutritivo e saboroso. Experimente!

Antes de um grande filme, antes de uma refeição, numa calibragem dos pneuzinhos antes de dormir, pois é um petisco hipocalórico, é muito sabor e pouca (ou nenhuma) culpa.

Se você é *gourmet*, não hesite. Faça uma compra básica de apetrechos: esteira de bambu para enrolar sushis, algas desidratadas (nori, kelp, hijiki, kombu, wakame, arame), pegadores de bambu, arroz japonês, fôrmas para bolinhos, panela elétrica, espetos, cogumelos secos, harussame,[4] bifum, shoyu, massa para rolinhos primavera, enfim, tudo o mais que a imaginação pedir e o dinheiro no bolso permitir.

4. Para quem não conhece, harussame é um macarrão transparente, especialmente saboroso, muito consumido em saladas.

CAPÍTULO XXI

Os tais aminoácidos essenciais

"Rapaz! Tornar-se vegetariano não é coisa pra qualquer um não. Bem que eu gostaria, mas é muito caro e eu ainda não estou em condições de gastar tanto para me alimentar."

Bem, aí está uma das frases que mais ouvi e ouço. Não sei bem de onde veio isso, mas suspeito, tenho cá algumas pistas.

Algumas faculdades, alguns professores da área dizem coisas que, francamente, deveriam ser severamente penalizadas. E esse "conhecimento" avançado é repetido à exaustão. Talvez o seja até por ser do interesse dos que repetem esses autênticos axiomas, mesmo havendo um verdadeiro arsenal de descobertas que bombardeiam o passadismo, pois afirmar isso é ressuscitar letra morta, de maneira inequívoca.

Uma dessas barbaridades tem a ver com os aminoácidos essenciais. Eu nunca soube o que era um aminoácido, quanto mais um aminoácido essencial. Mas foi com muita gravidade que um colega professor, biólogo de responsa, me advertiu sobre os perigos de uma dieta vegetariana, pois só a carne possuía todos os aminoácidos necessários à alimentação do ser humano. Caso esses faltassem, seria necessário recorrer a substitutivos. Entretanto – ele me adiantou, com um olhar quase cúmplice –, é possível obter essas preciosidades nos cogumelos. Bem, quase todas essas preciosidades. Também era necessário comer castanhas, muitas, de diversos tipos, pois os aminoácidos essenciais se encontravam um em certo tipo de fungo, outro em outro tipo, os demais, espalhados. Era uma espécie de garimpo.

Crédulo ainda, acreditando na ciência do meu companheiro de trabalho, considerei por algum tempo que todos os investimentos que eu fizesse para a obtenção de uma dieta capaz de garantir meu afastamento das carnes seriam válidos.

E pus-me a comprar e estocar grãos, oleaginosas e fungos.

Chegou um tempo em que qualquer armário que você abrisse na cozinha da minha casa garantiria uma chuva de pacotes de cogumelos desidratados. E abrisse a geladeira pra ver. E tome nozes, castanhas-do-pará, castanhas-de-caju, nozes-pecãs, macadâmias, castanhas portuguesas. Não podia faltar nada. Gastei uma nota, fiz dívidas.

Eu acreditara que a carne precisava ser substituída. Não sabia que ela era desnecessária.

Acho que eu devia mandar a conta pro meu amigo biólogo. Coitado, tão bem intencionado, e nunca ninguém explicou a ele o que é alimentar-se de forma balanceada: um arco-íris no prato e está feita a festa.

Bem, chegou a hora do ***Carpaccio de abobrinhas***, que é uma delícia. Valho-me de 2 abobrinhas, 1 dente de alho, 1/2 xícara (chá) de azeite, 1 colher (chá) de mostarda de Dijon (ou outra, não muito avinagrada – a alemã é a melhor), suco de 1 limão, lascas finas de tofu desidratado, quase ralado; pimenta-do-reino moída na hora e sal marinho, a gosto; 1 tomate pequeno e 100 g de alcaparras grosseiramente picadas.

Corto o alho em fatias quase transparentes e deixo de molho no azeite por meia hora. Depois disso, tiro o alho, que vou usar em outras receitas. Dou uma bela fatiada nas abobrinhas com uma faca bem afiada, para que as fatias fiquem bem finas. Reservo. Corto o tomate sem as sementes em cubinhos. Reservo também. Misturo o azeite, a mostarda, as alcaparras e o limão, formando um molho. Tempero com sal marinho e a pimenta-do-reino recém-moída. Cubro as abobrinhas com o molho. No momento de servir, salpique com as lascas de tofu desidratado e o tomate em cubinhos.

Para que tudo fique bem gostoso, costumo passar as abobrinhas pelo branqueamento, processo que consiste em escaldar as abobrinhas inteiras em água fervente, passando-as a seguir para um recipiente com água e gelo, tudo antes de fatiar. Elas ficam mais coloridas e crocantes, sem nenhuma perda de seus nutrientes. Gosto de acrescentar pimenta-rosa, como enfeite e perfume. Sirvo com torradas que eu mesmo faço.

Já falei sobre a importância de uma máquina de fazer pão em casa? Para os veganos, é um equipamento e tanto. Para os quase veganos também. Por que *quase*? Eu explico.

CAPÍTULO XXII

Quase vegano

Gosto de cogumelos. Quem não gosta não comeu nunca, deu azar ou não sabe cozinhar. Quando vou à Liberdade, sempre os procuro, normalmente muito mais baratos do que em qualquer outro lugar.

Fui às compras. Peguei o Rodoanel, entrei pela Raposo, tomei a Rebouças, a Consolação, entrei pela praça Roosevelt, caí no Minhocão, subi, pronto. Cheguei.

Aquele lugar é uma perdição mesmo. Fui enchendo o carrinho. Macarrão sem ovos para um yakisoba inocente (aquele da caixa vermelha), tofu (comprei logo dois), tofu seco, tofu defumado, óleo de gergelim, panela wok, cogumelos, muitos cogumelos (shimeji branco, que é super em conta, shitakes, shimeji escuro, do qual se aproveita tudo – até o talo é macio), enfim, fui fazendo a minha ruína financeira do mês, porque nesses supermercados japoneses do bairro da Liberdade o consumista que estava *stand buy* aflora, desavergonhado e insaciável. Pra piorar, os preços são bem razoáveis.

Se o plano era preparar um yaki, por que comprar tantas coisas desnecessárias para esse prato? A resposta é simples demais: porque preciso tê-las por perto. Estocar é de lei. Vai que eu precise ou queira! E já que a noite ia ser de preparação culinária, aproveitei para comprar uns guiozas e uns pães chineses de legumes com shitakes no recheio. Isso garantiria umas entradas bem satisfatórias. Gastei o que eu tinha e mais um pouco. As férias estão acabando mesmo e, afinal, eu mereço, digo para mim, lá por dentro, repetindo o slogan do consumista desvairado. Ah! Também aproveitei pra comprar um potinho de cogumelos refogados, com cebolinha por cima, só para acompanhar. Enquanto cozinhasse, iria fazendo uma boquinha (ona), só para ter mais paciência com o preparo.

Como o carro estava parado em frente ao supermercado (milagre!) e estava chovendo, nem teria dificuldade em levar as compras até o porta-malas. Mesmo assim, pedi um funcionário para fazer isso por mim, só pra dar uma gorjeta porque, acho que já disse isso, se não disse fica dito, a benevolência atenua a culpa do esbanjamento. Ele colocou tudo no carro, agradeci, entrei, liguei, saí e me esqueci da gorjeta. Nem pensei mais no assunto até este momento em que narro os fatos, mas é uma preocupação que já perdeu a força. É! Preocupação, culpa e outros sentimentos desse jaez têm data de fabricação e de validade, coisa inacreditável.

Enfim, enfim. As ruas ardentes pareciam impedir que eu chegasse.

Mas cheguei, descarregamos as compras, porque nessas horas a curiosidade do povo em saber o que foi comprado acaba ajudando no processo de descarga, e lá fui eu pro fogão.

Pus a água para ferver.

Joguei na wok com óleo estupidamente quente as verduras e legumes já picados e higienizados que comprei (o tal kit para ***Yakisoba***, como costumam dizer), refoguei muito rapidamente acrescentando um pouco de óleo de gergelim (2 colheres de sopa) e desliguei o fogo por algum tempo.

Vou ser mais claro: no "kit" havia 1 cenoura fatiadinha de 0,5 cm cada fatia, acelga em pedaços de 3 cm^2 aproximadamente, alguns poucos pedaços de 3 cm^2 de pimentões verdes e vermelhos, algumas árvores (quem já foi criança sabe por que digo assim) de couve-flor e de brócolis, além de um molho em saco plástico, que eu sempre descarto.

Na água fervente, coloquei 3 novelos do macarrão (o macarrão para *yakisoba do pacote vermelho* – sem ovos! – vem em *novelos*) até ele amolecer o suficiente apenas para desmanchar o *novelo*, mas você, leitor, pode utilizar outra massa de sua preferência, de um pacote com aproximadamente 500 gramas, cozinhando igualmente até amolecer apenas um bocadinho.

Coloquei a wok novamente sobre fogo altíssimo e, abrindo um espaço no meio das verduras, coloquei ali o macarrão levemente amolecido, fritando-o juntamente com as verduras e legumes.

Então, veio a mágica: polvilhei sobre a mistura um punhado de amido de milho, misturei e acrescentei molho shoyu, como tempero, continuando a mexer enquanto acrescentava aos poucos conchas daquela água onde havia amolecido a massa. A quantidade de molho shoyu é determinada pelo gosto, pois ele é usado como o único sal que será utilizado, e em casa usa-se pouco sal. Deixei ferver por 5 minutos, para terminar o cozimento do macarrão, desliguei o fogo e denunciei que a comida estava pronta pra ir à mesa (pois essa parte eu realmente delego, assim como a limpeza de utensílios, pia e fogão – aí seria demais!).

Quando a família chegou, eu já estava à mesa me deliciando com aquele cogumelo pronto, que eu comprara (lembra?), embora pensando que, se eu o tivesse feito, sem dúvida estaria mais saboroso, menos insosso com certeza.

Minha filha sentou, elogiou, pegou o pote e leu os ingredientes: cogumelos shimeji, cebolinha e... manteiga. Manteiga!

— Como, diabos – bradei –, onde só se usa óleo de soja, que é o bairro sino-japonês, e em todos os seus restaurantes, resolveram fazer cogumelos na manteiga? Eu, verdadeiro rato de rótulos com ingredientes, mais uma vez deixara de lado a precaução. Pobre incauto, confiante na previsibilidade da culinária oriental. Um vegano que se preze deve especializar-se em rótulos. *Orai e vigiai*, veganos, porque além dos nomes em códigos, siglas inalcançáveis, símbolos inacreditáveis e sinais diminutos, também nos espreita o descuido. E aquele produto que eu quereria desprezar e manter para sempre na prateleira até que apodrecesse foi de lá retirado por mim, que paguei R$ 7,00 inteirinhos para contribuir, sem querer, com a exploração animal. *Belo* guerrilheiro fracassado, sempre e apenas um quase vegano.

E o meu povo, indiferente ao passa-moleque que eu levara, caiu matando no yakisoba, como sempre dizendo que esse era o melhor que eu jamais havia feito. Droga!

CAPÍTULO XXIII

Liberdade 3

É um bairro atraente, embora excessivamente carnivorista. Passear por lá é atraente porque, além de exótico, é fácil encontrar pelo comércio em geral vários artigos que os vegetarianos acabam consumindo mais cedo ou mais tarde, pois o vegetarianismo também abre olhos e portas para outras escolhas, como as de alimentos orgânicos e acepipes orientais, como o shoyu, molho de soja fermentada, e o tofu, iguaria de leite de soja coalhado, que as pessoas costumam chamar de queijo de soja – nada a ver!

Na hora do rango, entretanto, lamentável! É porco, é boi, é pato, é peixe, peixe, peixe e mais peixe por toda parte, além de gato e cachorro, que aí é assunto em que nem quero entrar. Agora abriram um restaurante vegetariano na rua São Joaquim, acho que Broto de Bambu, ou coisa assim, mas antes havia um outro, na praça (aquela da feirinha), com um nome meio esquisito, que hoje nem que lembrasse eu diria. Lá dentro havia um setor vegetariano, um setor somente, onde se podia degustar uma comidinha honesta, embora ovolacto, mas à época era isso que eu praticava, o ovolactovegetarianismo, isto é, consumia vegetais e me permitia ovos e derivados, leite e derivados, como os laticínios em geral.

Claro que tudo era meio suspeito. Quem poderia me garantir que atrás daqueles sorrisos e olhos oblíquos não se escondia um ferrenho carnivorista desses que acham que "isso tudo é frescura", que "esses vegetarianos nunca percebem o caldo de carne que eu sempre coloco" e que "eles comem o pastel feito com banha de porco na massa e acham delicioso"?

Além da promiscuidade no uso dos utensílios de cozinha (mexe-se o picadinho de alcatra e depois, com as mesmas pinças, mexem-se os rolinhos vegetarianos), havia a probabilidade enorme de que tudo fosse cortado na mesma tábua de cozinha, com mãos ensanguentadas, com a mesma faca, os mesmos temperos com pó disto e pó daquilo, pra dar mais gosto. Resumindo: foge-se dos cadáveres todo o dia e depois se come defunto por tabela ou como sutil ingrediente. Tem gente que aceita isso, desde que não ponha um pedaço de carne na boca, mas veganos – coisa que eu ainda não era – não aceitam porque estão empenhados em uma luta séria e emocional; não podem e não querem baixar a guarda.

Mesmo assim, pesados pró e contra, quando a fome bateu, achei que lá era o único lugar a que eu poderia ir, pois pelo menos havia um setor exclusivo, longe das visões do inferno, dos espetos alados com as meias-luas de linguiça, das travessas fumegantes de porco xadrez, dos sorrisos estragados com as fibras de carne entranhadas, do cheiro saturado e sofrido que emana dessas morgues.

Entrei.

Sou bom nas ironias, mas os caras me superaram. Foram ao sarcasmo.

Passei cego por gosto pelos setores dos *pecadores* e encaminhei-me para o setor dos *evoluídos* (algum dia ainda me engasgo com a saliva dessas minhas ironias), e quase sem ver porque evito olhar. E evito por vários motivos: para não atiçar o lobo que mantenho bem preso (alguém ainda se lembra do episódio de gibi em que o lobinho, vegetariano, via presunto quando olhava para os três porquinhos, seus grandes amigos, em momento de grande fome?) e para não começar a chorar em público como um emo histérico, no contemplar das carcaças pútridas em que foram transformados seres antes magníficos em vida, graça e beleza. Passei teso, decidido, do jeitinho que faço entre gôndolas de carne nos hipermercados, quase sem respirar (até porque fede e fede muito acre). Procurei o Eden e...

Já vi isso acontecer algumas vezes. A questão é o lucro. Nos capítulos seguintes conto mais casos, um deles ja contei, ocorrido naquele restaurante do viaduto Maria Paula, um dos mais tradicionais restaurantes vegetarianos do centro de São Paulo, aquele do *queijo ralado por toda parte* e do "servimos peixe na filial"; outro, num restaurantezinho, antes simpático, atrás do shopping Morumbi. Há mais, nem sei se falo. Isso me cansa um pouco. Como é que é? Não contei do *queijo ralado por toda parte*? Mais à frente conto, ou conto novamente. Sempre. Sim, eu sou contraditório. E repetitivo. Talvez nem conte.

Quis entender e cheguei a isto: o restaurante dá certo até que aquele freguês que vem sempre pergunta por que não fazem algo com carne "só para servir quem não é vegê", "um inocente grelhadinho, por exemplo", porque "tenho muitos amigos que gostariam de vir aqui, mas não vêm porque não tem nada de carne". E, de repente, tcharããäs: $$$$$$$$$$$$ – os olhos se enchem com aqueles sinais tão queridos e que os empresários buscam todo o tempo, como é natural, afinal, pois além de contas a pagar, salários, obrigações, 13º, esperam com justiça receber a recompensa de uma renda maior depois de todo o seu esforço, de todo o risco, de todo o trabalho e de toda a responsabilidade.

E fazem a opção (isso mesmo, não é sem consciência que agem) de perder alguns clientes, justamente aqueles chatos, ecochatos radicais, veganos, e ganhar muitos outros, os ponderados, os normais: partem para uma conduta mais equilibrada (já não disse que os santos detêm equilíbrio?), servindo um pouco de carne, vá lá! – que mal há? –, embora os clientes cativos nunca mais retornem e sejam substituídos por uma população fluida, enjoada, sempre pronta a buscar novos espaços e experiências. Esse pequeno detalhe eles não percebem e, assim, acabam ingressando no nicho geral, de concorrência feroz, onde nem sempre têm força para sobreviver.

Voltemos, caro leitor, ao restaurante da pracinha, que se não me fiscalizo perco de vista o assunto principal. Lá, no ex-Eden, no tal *setor*, houvera uma transformação. Justamente no local em que se iniciava anteriormente o oásis *vegan*, estava instalada, imponente, enorme grelha onde chiavam doridamente pedaços de braços, pernas, nádegas, entranhas, banhas e pelancas de porcos, bois, vacas, patos, codornas, galinhas, uma visão do inferno onde antes se adivinharia, se não o "Céu", ao menos uma prancha para um Portal menos infeliz.

Não, nem nunca voltei para ver se perdurou. Na ocasião, perguntei a uma moça que servia as mesas e ela me disse que o patrão achava que o setor daria mais lucro com a churrasqueira. Tão característico que até nem sei.

Pra afastar essa nhaca da memória, melhor fazer alguma coisa na cozinha, como um ***Panachée de legumes***. Pico-os, muitos, cenouras, batatas-doces, batatinhas, mandioquinhas, vagens, abóboras e o que mais houver na geladeira, fervo-os até se tornarem tenros, passo-os em creme vegetal ou azeite bem quente, refogando, mexendo, mexendo. Desligo o fogo, corrijo o sal e salpico salsinha bem cortadinha por cima. É muito bom. Mas é muito bom também dar uma passeada pelas terras das cantigas d'amor, a Provença, região do sul da França.

Lá encontramos uma guarnição muito, muito especial, o ***Ratatouille***, feito com berinjelas, abobrinhas, tomates, cebolas, pimentões vermelhos, cortados em cubos ou rodelas, coentro e manjericão, temperados com alho e cebola e fritos no azeite.

Quem me deu essas receitas foi o simpático ratinho da animação *Ratatouille* (se você não se lembra, não assistiu: defasagem imperdoável). Vamos lá!

Corto 2 berinjelas em cubos médios, salpico sal e pimenta-do-reino moídos juntos na hora mesma do preparo. Separo 6 colheres (sopa) de azeite, 2 cebolas em pétalas, 2 pimentões vermelhos em cubos médios, 2 pimentões verdes em cubos médios, 3 abobrinhas em cubos médios, 2 dentes de alho amassados, 200 g de tomate sem pele e sem sementes, 2 colheres (sopa) de manjericão, 2 colheres (sopa) de salsinha e 30 ml de vinho branco.

Refogo a berinjela em uma frigideira com 1 colher de azeite até ficar ligeiramente dourada e reservo.

Repito o procedimento com os outros ingredientes na seguinte ordem: cebola, abobrinha, pimentões vermelho e verde. Conforme vou retirando 1 por 1, reservo todos no mesmo recipiente da berinjela.

Na mesma panela, aqueço o restante do azeite, acrescento o alho e, quando começa a dourar, acrescento o vinho, raspando o fundo da panela com uma colher. Coloco todos os vegetais reservados de volta na panela, tampo e deixo cozinhar por 5 minutos. Acrescento o tomate e deixo cozinhar mais 2 minutos. Retiro do fogo e misturo a salsinha e o manjericão.

Sirvo quente ou frio.

Ratatouille é tão saboroso que vale uma receita um pouco mais sofisticada, pedindo um certo jeito na arrumação do prato. Como ingredientes, utilizo 1 abobrinha cortada em rodelas finas, 1 berinjela cortada em rodelas finas, 2 tomates cortados em rodelas finas. Sal e pimenta-do-reino, como sempre a gosto, e azeite para regar.

Para o molho, uso uns 5 tomates sem pele e sem sementes, 1 dente de alho picado, 1/2 cebola picada, 1/2 xícara de azeite extra virgem, alecrim, manjericão, tomilho, sal e pimenta-do-reino, moídos juntos na hora.

Faço primeiro o molho. Em uma panela, aqueço o azeite e refogo a cebola e o alho. Acrescento os tomates e deixo refogar por 5 minutos. Acrescento o sal, a pimenta e as ervas aromáticas, batendo tudo no processador até formar um creme. Depois, de volta à panela, para apurar.

PC@

CAPÍTULO XXIV

Novas descobertas

Às quintas-feiras daquele ano, minhas aulas eram em Santo Amaro, uma unidade muito interessante porque sempre tem um alunado jovem e compromissado com diversas causas, pessoal de garra e participativo. Terminada a jornada matutina, por volta das 13 horas, sobrava a questão "onde almoçar?".

Isso é uma rotina, claro, em todos os lugares em que trabalho, especialmente depois que o *Lar Vegetariano* na Lapa fechou como restaurante aberto, migrando para "entregas em domicílio" (o que não impede de eu, vez em quando, me encostar por lá, no atual endereço da Freguesia do Ó, abusando da amizade e da bondade do Paulo e da Ivonete, *restauranteurs* veganos de militância reconhecida, muito gentis), mas continuando com aquela comidinha tão natural, com sabor caseiro difícil de encontrar.

É justo dizer: em São Paulo, há pelos menos duas centenas de restaurantes vegetarianos, a maioria deles com preço bastante acessível para as pessoas que são obrigadas a fazer suas refeições fora de casa. Há "quilinhos", muito indicados para quem à mesa se comporta finamente, e há bufês, onde os mais glutões, entre os quais me incluo, podem comer à vontade, com preço único, com ou sem sobremesa ou suco incluídos. Todos têm personalidade, sabores muito variados, cardápio variadíssimo, pratos inacreditavelmente coloridos. Às vezes, fica muito difícil escolher.

Naquele dia, um pouco cansado da Berrini e da Chácara Santo Antonio, consultei o guia da *Revista dos Vegetarianos* e o encontrei, no mesmo miolinho, perto da Berrini e atrás do shopping

Morumbi, uma ruazinha bem escondida com vários restaurantes pequenos e convidativos.

Fui lá e apreciei ser muitíssimo bem recebido. Uma senhora, dona ou mãe dos donos, percebeu de imediato que eu lá estava pela primeira vez. Acompanhou-me ao bufê e disparou, ao ver-me hesitar diante de um prato de massa: "O senhor é vegano?", e incontinente, "Vou cozinhar um macarrão sem ovos especialmente para o senhor", passando a me indicar os pratos todos em que não havia nada de bicho, nem ovos, nem leite, nem caldos de galinha, nem toucinho defumado. E havia vários, era um legítimo ovolactovegetariano com opções veganas, tal como dizia o anúncio da revista.

Servi-me gulosamente e eis que, em um instante, ela depositava à minha frente um prato fumegante de espaguete com molho de tomate "purinho", como me garantiu sorridente, quase maternal.

Foi uma descoberta preciosa. Às quintas, era dia de ir ao restaurante da senhora simpática e para lá eu conduzia, com segundas, terceiras e vigésimas intenções manipuladoras, todos os amigos e colegas que eu sentia já estarem naquela fase de questionar as coisas que comemos, pois quase sempre nós colocamos na boca e engolimos sem nem perceber o que é que estamos utilizando como alimento.

Na derradeira quinta-feira, fui sozinho. Preciso de um novo capítulo para contar o que sucedeu. Antes, porém, tenho que revelar uma dessas delícias que a gente acaba conhecendo nesse mundo do vegetarianismo, especialidade que eu talvez jamais provasse se não fosse essa minha opção alimentar. Vou dividi-la com o leitor: ***Assado de nozes.***

Descasco e pico 4 cebolas médias e 5 tomates, ralo 2 cenouras e esfarelo 3 fatias de pão (integral, de preferência). Refogo as cebolas, junto os tomates e as cenouras, além do farelo de pão. Bem refogadinha a mistura, acrescento 1/2 xícara (chá) de caldo de legumes (feito em casa ou industrial, desses em tabletes). Cozinho tudo por aproximadamente 15 minutos. Corrijo o sal, quando acho necessário. Então, misturo 100 g de amêndoas e 100 g de castanhas-de-caju, tudo moído, e despejo numa dessas fôrmas de pão, de tamanho compatível com o produto obtido. Deixo assar em forno quente (aproximadamente 200 graus) por meia hora. Depois, desenformar e comer. Ajoelhado.

CAPÍTULO XXV

Peitinho grelhado 2: o retorno

Logo à entrada, na calçada, uma placa daquele tipo utilizado pelos "homens-sanduíche" anunciava: temos frango grelhado. Não estranhei.

Veganos, ao contrário dos vegetarianos históricos, fazem acrobacias culinárias para substituir sabores e texturas. Vegetarianos comem vegetais, mas veganos demonstram, ou melhor, fazem questão de demonstrar que é possível comer bifes à milanesa, filés à cubana, paellas, caldeiradas, patinhas de caranguejo, hambúrgueres, bacalhoadas, molhos à bolonhesa, queijos, churrascos e feijoadas **vegetais**, inteiramente vegetais e com gosto capaz de dar aos paladares mais reticentes uma prova cabal de que é perfeitamente possível uma alimentação sem carne.

Foi o que imaginei, inicialmente, mas aquela senhora simpática que sempre me atendia veio me garantir, com a gentileza de sempre, que poderia preparar o que eu quisesse e que não me preocupasse, que era só um franguinho grelhado – havia pessoas que pediam! –, que os talheres e panelas e tudo o mais *era em separado*, que podia comer sem receios, que ela garantia...

Sim, era verdade. O tal frango era frango mesmo, nem glúten, nem proteína texturizada, mas o bicho-bicho, o propriamente dito.

Desapontado, fiz bico, não quis nada extra, declinei da gentileza do preparo especial e, de prato em punho, peguei uma coisa e outra, quase sem enxergar o que selecionava, mas com cuidado para nem esbarrar nos pedaços de carne tostada que eu adivinhava em quase todos os lugares, em todas as cumbucas: uma obra-prima de paranoia em átimos.

Sentei-me no lugar de sempre e ruminei todas as ideias que me vinham esbaforidas, o rosto em fogo, tentando comer até, mas o apetite se esvaíra, substituído por uma cólera surda de que eu nunca me soubera capaz ou não tinha lembrança.

"Que diabos!", pensava com rancor, "como puderam ser tão burros e tão gananciosos?" Os vegetarianos de toda a região não tinham mais que meia dúzia de opções em lugares para almoçar, éramos todos cativos, e eles se deixaram levar pelo canto da sereia – sereia nada!, aposto que uma glutona feia, de colar de bolinhas, com aquele perfume invasivo, os dentes amarelados e salientes prestes a morder o bife no piano dentário, como o Tom Hanks, reclamou: "Mas nem um filezinho grelhado, gente?"

Enquanto meu cérebro enrubescia, solidário ao rosto, o estômago enrugava, subitamente envelhecido e rabugento, nunca tão seletivo, nunca tão irascível, dando-se nós, prestes a devolver cada naco em golfadas sucessivas.

Resmunguei que não, que não, que assim não dava e quando me dei conta estava no caixa, depois de abandonar o prato quase intacto sobre a mesa, um jeito meio moleque, meio malcriado de demonstrar meus ressentimentos.

— Que aconteceu – perguntei –, por que esse negócio de frango?

— É verdade! – explicou-me a mocinha, provavelmente filha dos donos, tão jovem ainda para ser a proprietária. – É que houve uma reunião para analisar as razões de o movimento estar caindo nos últimos quatro meses e chegamos à conclusão de que a culpa era do cardápio, exclusivamente vegetariano. Então, mudamos nosso foco e agora somos um restaurante de comida natural.

Pronto! Simples assim.

— Bem, eu me sinto traído – expliquei (a jovem com aquele olhar benevolente, até compreensivo). – Vocês trocaram o certo pelo duvidoso – considerei –, pois nós, veganos, jamais voltaremos aqui e vocês agora terão uma concorrência muito maior, que é a concorrência de todos os restaurantes e bares da região inteira.

Ainda bravo, tratei de ligar para a revista contando que o ex-vegetariano agora era "natural".

— Sim! Eles nos ligaram ontem pra falar sobre essa mudança. Fomos surpreendidos – lamentou o editor – e nem deu ainda tempo de retirar o anúncio da revista, pois a deste mês já estava na gráfica sendo impressa. Só dará para fazer isso na próxima edição.

Nunca mais voltei lá, como sempre faço em casos semelhantes – você já sabe –, nem perguntei a ninguém sobre eles. Não quis saber se se deram bem ou se faliram, se a estratégia que considerei suicida deu certo para recuperar os clientes que teriam perdido. E digo *teriam* porque eu vira a clientela crescendo nos últimos quatro meses, e não diminuindo, como a mocinha tentara justificar. Não tenho dúvidas: foram os cifrões os verdadeiros responsáveis pelo equívoco administrativo, o imediatismo do capitalista principiante que não entende as diferenças entre investimento e despesa, custo, movimento e lucro.

Mas não cabe a mim explicar nada disso. Ao vencedor, novamente batatas. E batatas faço umas que, nossa! São ***Batatas assadas com alecrim e alho***. Uso 10 batatas médias, 4 colheres (chá) de alecrim seco moído, 1 cálice de azeite extra virgem e 4 dentes de alho esmagados. Simples demais.

Lavo a casca das batatas e corto-as em quatro. Cozinho no vapor por dez minutos (no vapor é mais gostoso, mas pode cozinhar se não tiver como fazer de outro jeito) e cubro com o azeite, o alecrim e o alho. Coloco as batatas numa assadeira e asso em forno quente a 190°C (é um forno bem quente) por meia hora. Sirvo imediatamente, pois é desejável que o exterior esteja crocante. Mas essas batatas, já frias, como *boquinha*, na hora da fome, hum...

P@4

CAPÍTULO XXVI

Ninguém morreu, Roberrrrrto

Não sou um purista, nem sou santo. Tenho no porão da minha casa um alambique de cobre onde eu bidestilo cachaça. Não sou um pinguço, mas tenho-o por hobby, aliás hobby lucrativo, autossustentável, porque vendo para os amigos a fabricação artesanal desse autêntico pitéu. Quem gosta, saboreia entre exclamações muito elogiosas.

Quando me perguntam, embasbacados, como pode um vegano fabricar cachaça, a explicação é rápida: Não morreu ninguém, nem nada, no processo da alambicagem. Não sou purista, nem asceta.

Tampouco natureba, pois não recuso alimentos industrializados (sei que preciso e que vou mudar). Nunca me questiono sobre os transgênicos (até porque quase tudo é hoje em dia – que ninguém tente negar!) e, se busco os orgânicos, não faço luxos com relação aos agrotóxicos, essa praga assassina que infesta a maior parte dos alimentos. Ainda é muito difícil comprar somente produtos orgânicos no Sudeste, que dirá no resto do país. Custam mais. Dia virá, dia virá. Enquanto isso, se o meu leitor e a minha leitora puderem, salvem-se. É sério!

Bicho, entretanto, não como. E não aceito participar dos processos que perenizam a coisificação animal e a mortandade, como rodeios, rinhas, caçadas, pescarias, exploração especista.

Nas minhas buscas, enveredo pelos restaurantes vegetarianos, como o leitor já se deu conta, porque essa é uma recorrência destas páginas. Mas existem coisas que preciso contar e, creio, o próprio leitor ficaria muito agastado comigo se eu omitisse alguma dessas anedotas do dia a dia.

Foi o que aconteceu, na quinta-feira, quando fui almoçar com o Sérgio. Não contei ainda, mas o fato é que tenho a sorte – quase sempre – de andar em companhia de gente muito paciensiosa, gente disposta a ceder aos meus caprichos em vez de tentar fazer com que eu ceda, até porque eu não cederia mesmo. Vamos combinar? Qualquer onívoro come tudo o que eu como, ao passo que eu não como o que eles comem. Para mim, acompanhá-los seria correr o risco de, enojado, só assistir ao festim gastronômico se não encontrasse opções isentas de crueldade contra os animais, enquanto acompanhar-me pode significar, para eles, apenas deixar de comer certos pratos por alguma vez. Acho justo. Inclusive, sei que faço um bem danado para a saúde deles – ora!, medidas profiláticas e pedagógicas.

Fui, portanto, com o carioca dos erres e esses mais arrastados da escola a um restaurante gourmet no jardim Santo Antonio, de propriedade de uma chef formada em Nova York, segundo consta, badaladíssima na TV e na mídia escrita. Claro, um dos mais caros de São Paulo, mas, afinal (lá vem o velho raciocínio das recompensas consumistas), trabalho pra quê? Hã?

Nem é tão caro, considerando os preços cobrados na média gastronomia, mas no mundo dos quilinhos e dos bufês para profissionais obrigados ao comer fora, vai além dos valores dos vales-refeição. Vale pela comida: um primor.

Sempre duas opções, mas naquele dia a coisa estava complicada. A opção vegana não me agradava (não me agradam as saladinhas singelas, com arroz integral e saudável prato principal) e perguntei se não seria possível retirar do prato de *capeletti* a cobertura de *mozzarella* e o queijo parmesão ralado. Sim, era possível, explicou-me a chef, já determinando as providências para as cozinheiras, tem vegano na casa, quase esganiçou, como quem avisa aos moradores que o prédio está em chamas ou desmoronando (acho essa parte sempre muito divertida).

E foi esse o prato que pedi. Sérgio ficou com o outro combinado. Pegamos sucos, sentamos, animados, e começamos a comer.

Foi quando o avistei.

Ali, no meio do molho, boiando inocente, um pequeno hífen, branquinho, destacava-se contra o vermelho da seda dos pomodoros. Aproximei o olhar.

— Sérgio, que é isso aqui? – perguntei, esperando que os olhos dele fizessem o papel que os meus se recusavam a fazer.

— Não é nada, pode comer – respondeu, rápido.

Não gosto muito de excessiva rapidez nessas horas e aproximei o garfo, mexi no hífen e vi outros três por debaixo dele, um deles bem compridinho, mole. Mexi ainda mais, levantei um capeletti e constatei, surpreso, que havia muitos mais.

— Sérgio, olha isto aqui. Que é isto? – questionei, já em pânico.

— Não é nada, Roberrrrrrto – respondeu o mais do que nunca carioca, sotaque anos sessenta –, come isso aí.

— Sérgio, isso é queijo ralado, cara – falei, levantando mais ainda os capeletti e vendo que havia queijo ralado aos montes por baixo da aparente inocência do molho.

O Sérgio, afogueado, quase histérico, repetia:

— Come isso aí, Roberrrrrto, não morreu ninguém, come isso aí, ninguém morreu.

Pânico total. O Sérgio, filho de família de pura disciplina, papai aposentado das gloriosas, cheio das manias e costumes, vícios e tocs já arraigados, sistemático e extremamente social, via-se, repentinamente, prisioneiro de uma cena da qual jamais sonharia participar e, pior!, em companhia de um colega prestes a fabricar um autêntico "barraco" daqueles que só a plebe mais ignara sabe armar. Uma delícia!

Empurrei o prato, furioso.

— Te espero lá fora – disse, voz propositalmente alterada, todos olhando, ele já com a voz sumida, metade do corpo sob a mesa, nem tentava mais me conter. Levantei, peguei minhas coisas, a comanda, e retirei-me, acintoso, cara de ofendido, bigode torto.

Dirigia-me para a saída quando, inadvertidamente, dei com a chef, que vinha em sentido oposto, perguntando-me o que acontecera, que é que foi isso, que o senhor não se preocupe, que eu pessoalmente vou lhe preparar outro prato, que de jeito nenhum, que não podia admitir, que isso, que aquilo.

Sentei-me. O Sérgio com um tremendo ataque de nanismo, eu crescente, recebi das mãos da chef um prato pleno, molho reluzente e sabor incomparável, como, aliás, é a norma ali. Não quero papo, nem acordo, nem trégua: guerra é guerra.

O assunto virou piada. A frase "Ninguém morreu, Roberrrrrto" virou bordão, incansavelmente repetido por todos os que conhecem um e outro, especialmente nas horas em que algum novato participa de uma roda de conversa. Vira e mexe sou convidado a contar toda a história, e mais uma vez, e outra.

Foi o que fiz aqui, agora.

Certa ocasião, comi lá mesmo uma ***Salada de quinoa***, que tentei reproduzir do meu jeito. O leitor conhece a quinoa? Alguns pronunciam quínoa, ou quínua, e eu não sei para onde correr. Como acento gráfico não há, a pronúncia precisaria ser "qui-nô-a", mas sabe-se lá a motivação dessa gente. Estou quase no WO, apertando o botão.

Trata-se de um cereal, diz-que utilizado pelos antigos incas. Já falei sobre isso? De gagá a gogó, tenho de tudo um pouco.

Então, reservo 250 g cozidos como se fosse arroz. Faço um tempero com um pouco de melado (2 colheres das de sopa), 2 colheres (sopa) de vinagre balsâmico, cebolinha verde bem picadinha, raspas de casca de laranja, cebola roxa picada (bem miúda), uma pitada de pimenta-do-reino e outra de sal. Misturo esse molho aos grãos cozidos e já frios e o resultado é uma salada deliciosa que eu aconselho comer em companhia de folhas de alface daquelas bem tenras, em formato de canoa, folhinhas novinhas do miolo, sabe como é? Então! Conheço pouca coisa que supere essa saladinha em sabor e nutrientes. Serve para acompanhar qualquer prato.

CAPÍTULO XXVII

A missão

Converso muito com minhas filhas sobre a conveniência de abrirmos um negócio próprio. As discussões giram em torno do tipo de negócio, mas já está bastante claro, há tempos, que gostaríamos de um restaurante vegetariano, com empório e café, em local aprazível. As discussões sobre a natureza do vegetariano ficaram para trás, pois cedi à maioria, que exige ovolacto. Seja! Até porque alguns restaurantes ovolacto que conheço já estão mais pra veganos.

É um avanço, fantasio, pelo menos considero que a decisão precisa de um mínimo de democracia para oferecer bons resultados, pois todos têm que se comprometer com os resultados.

Foi dessa maneira que comecei a visitar restaurantes, um após o outro, tentando de alguma maneira compreender as tendências, verificar formatos.

Descobri um, no centro, na Barão de Itapetininga, primeiro quarteirão a partir da praça da República. Já é antigo, o Apfel, mas hoje marido e mulher se dedicam a ficar um em cada unidade, pois abriram uma filial nos jardins.

Fui, comi, gostei etc. Foi então que eu soube que ele não trabalhava com cartão de débito, apenas cheques ou dinheiro (isso é quase recorrência: você trabalha com dinheiro de plástico, vai a um restaurante novato, sai sem pagar, voltando depois para honrar o compromisso – será que é um truque deles?).

O dono, no caixa, muito falaz e amistoso, disse-me que pagasse da próxima vez que fosse ao centro, que não tinha importância (eu, cada vez mais abismado, já havia até pensado em deixar relógio ou documento em garantia enquanto fosse ao caixa eletrônico, retirar dinheiro); quis saber se eu já era vegetariano há muito tempo e se por acaso eu pretendia abrir uma casa do gênero. Expliquei as ideias, as dificuldades. Perguntou se todos éramos vegetarianos em casa. Expliquei. Deu-me um pão integral, fabricação própria, como um presente de boas-vindas e alertou:

— Conte comigo para qualquer informação ou ajuda. Este negócio é diferente, não é um negócio qualquer; é missão.

Entendi o recado: se o *restauranteur* não for vegetariano, ele logo pensará que é possível acrescentar alguns petiscos onívoros ao cardápio e desfigurará irremediavelmente seu estabelecimento, que perderá por inteiro o diferencial e a personalidade. Lembram os leitores da Senhora Simpática? Pois então!

Sempre que estou naquela região, gosto de subir aquela escadaria forrada de pétalas de rosas, de diversas cores, para almoçar. Calorosa recepção! Afinal, não é sempre que se consegue abrir uma conta corrente com tamanha ligeireza. É o primeiro e único fiado bem-vindo que conheci na minha vida.

Quanto às comidas, tenho que dizer: a ***Maionese*** me atrai. Não leva ovos, é feita com leite de soja. Quer tentar?

Prepare você mesmo o leite de soja. Sabe como, não é? Deixa-se o grão de molho por 4 horas, no mínimo, e bate-se no liquidificador, cada copo de grãos acompanhado de 1 copo de água filtrada. A Ivonete sempre me advertiu sobre a necessidade de tirar as cascas da soja antes de bater (passe um rolo sobre os grãos cobertos por um pano de prato bem limpinho, com força, sem medo; repita a operação; coloque em vasilha com água: as cascas boiarão).

Depois de bem batido, coar muito bem. Aí está o leite e o resíduo. Com este você faz bolinhos, hambúrgueres, almôndegas ou uma deliciosa farofa úmida, com azeite extra virgem e pedaços de cebolas, azeitonas e até passas, se gostar.

O leite vai ao fogo, que é desligado assim que levantar fervura. Põe-se para gelar. Para fazer a maionese, quanto mais gelado, melhor.

Então, é só bater o leite no liquidificador com 1 colher (sopa) de vinagre ou gotas de limão, acrescentando óleo vegetal (milho, canola, girassol – bem suaves) muito vagarosamente enquanto bate. Assim que adquirir consistência, colocar uma pitada de sal, a gosto.

Se quiser que ganhe a cor da maionese de ovos, basta acrescentar um pedacinho de cenoura ou um tico de açafrão-da-terra.

Depois, é só misturar a maionese a uma salada russa onde estarão todos os legumes de sua preferência (batata, chuchu, cenoura, vagem, enfim, como quiser), além de passas e pedaços de ameixas secas, se gostar. Particularmente, nunca deixo o chuchu de fora, pois ele oferece um frescor insubstituível.

Sim! Há um outro jeito, bem menos trabalhoso, bem mais prático: um pedaço de tofu fresquinho, batido no liquidificador com um pouco de água, gotas de vinagre ou limão e sal a gosto, fica também um creme liso e saboroso. Sim, bem liso, parece incrível. Experimente, pois vale muito a pena. Se desejar, óleo vegetal vai bem no lugar de metade da água. Um fio de azeite sobre o resultado final faz a chave de ouro.

Como? Por que prefiro óleo a azeite? Para não saborizar, mas a escolha não é minha. Valem as substituições, pois com esse creme fazem-se patês muito especiais. Com azeitonas, verdes ou pretas, com cenoura, com alho-poró, com cebola, com cebolinha, com salsinha. Invente, tente, faça um molhinho bem diferente.

CAPÍTULO XXVIII

Macarrão & cogumelos

Há pouco vi um programa do Jamie Oliver, o chef inglês mais malfalado do mundo gastronômico, porque é descolado, jovem, tem ideias próprias, não garante a sobrevivência daquele ranço tradicional dos *chefs de cuisine* de sempre e adora desmitificar a alta cozinha. Além disso, é inglês, o que desagrada aos franceses, gosta de muita pimenta, temperos fortes, marcantes, generosos e perfumados.

Vejo-o sempre que posso, com muito prazer, mesmo porque ele tem uma atuação interessantíssima nas políticas públicas de alimentação escolar em toda a Inglaterra.[5] É a ele que pertence o mérito de alterar o cardápio servido como merenda nas escolas do seu país, denunciando os enganos tradicionais e propondo alimentos saudáveis em substituição ao que sempre se serviu nas escolas. Lamentavelmente, o garotão-chef escorregou, e isso quando resolveu demonstrar, ao vivo, como são tratados na criação industrial os pintinhos e como é o abate dos frangos. Uma página desastrada em uma biografia que tinha tudo para reluzir. Sim, ele conseguiu chocar, e muito, despertando protestos em todo o mundo. Tudo vale a pena se a alma não é pequena? Du-vi-de-o-dó! Haverá perdão? Não sei.

O programa que eu vi foi um episódio da série *Em Casa de Jamie Oliver*, em que ele prepara saborosas refeições para convidados. Nesse, os convidados eram vegetarianos (ovolacto), e ele se superou.

---

5. Há exemplos bem próximos de nós. Em São Lourenço da Serra, município do Vale do Ribeira, encostado em Itapecerica da Serra, uma merenda vegetariana foi adotada nas escolas públicas municipais, com excelência na aprovação da comunidade. Espera-se que não seja mais uma "fonte luminosa" a ser desligada na mudança de gestão.

Foi uma receita ovolactovegetariana de fácil adaptação para o gosto *vegan*: ele pegou cogumelos de vários tipos, grandes, pequenos, médios, pretos, brancos, amarelos, selvagens, cultivados, em uma grande quantidade, cortou-os e os "salteou" em uma frigideira de ferro (rapaz, qualquer dia quero aprender a chacoalhar uma frigideira daquele jeito, sem derrubar nada), em umas 2 colheres de azeite de oliva. Interrompeu um pouco o processo, fatiou 3 dentes de alho, colocou-os junto, chamando a atenção para o perfeito casamento entre cogumelos e alhos, "salteou" mais um pouco, colocou pitadas de pimenta-do-reino e de sal, desligou o fogo e colocou, sobre os cogumelos, algumas porções de creme vegetal (aqui no Brasil existem algumas marcas excelentes de "margarinas" que não possuem nenhum ingrediente animal – mas são poucas, esteja atento!) para derreter naturalmente sobre os cogumelos quentes. Em seguida, colocou um bom tanto de salsinha picada grosseiramente por cima de tudo.

Em uma panela de água fervente, com sal, que fumegava no fogão, ele colocou macarrão (sem ovos) de grano duro[6] (hoje muito fácil de encontrar por aqui, em qualquer supermercado, de diversas marcas, importadas e nacionais, a preço bem acessível) para cozinhar "al dente"[7] (mais ou menos por 4 minutos). Assim que a massa se apresentou no ponto desejado, ele a colocou sobre a mistura de cogumelos que aguardava na frigideira e salteou muito, acrescentando um pouco da água do cozimento, garantindo que essa providência daria ao prato um "brilho" especial. E não é que deu mesmo?

Meu caro leitor, meu amigo, eu aguei. (adoraria ter colocado um trema nesse *u*, para ter um sonoro *agüei*, mas o novo acordo ortográfico me proíbe aguar com propriedade). Fica, então, assim, desse jeito sem jeito, nesse aguar tão seco, tão dessalivado.

Depois, em outra preparação, ele pegou 6 enormes cogumelos portobelo, cortou só uma parte do talo, rente à parte côncava do "guarda-chuva", virou-os (com a parte do talo para cima) e os

---

6. Grano durum, desconhecido entre nós até recentemente.

7. Al dente - à prova dos dentes, isto é, gostoso de mastigar.

organizou em uma assadeira. A reentrância do guarda-chuva foi preenchida com uma mistura de creme vegetal (aproximadamente 100 gramas), batido com meia pimenta dedo-de-moça, ou chili, 6 ramos de tomilho fresco (que é um tempero bem mais suave que o desidratado) e três dentes de alho em um desses processadores elétricos, atualmente muito comuns. Se você preferir, pode misturar tudo, ardorosamente, os ingredientes bem picadinhos, à mão, ou batidos em um pilão. Levou ao forno bem quente por 20 minutos, advertindo que a gordura derreteria e se esparramaria pela assadeira, não sendo, portanto, excessiva a quantidade que havia usado na mistura.

Foi assim mesmo. A gordura derreteu, espalhando-se pela assadeira e pelos cogumelos, que foram servidos sobre fatias de pão (aqui no Brasil, o ideal seria usar pão italiano, daqueles que a gente encontra nas panificadoras tradicionais do Bixiga, bairro que é um reduto italiano por excelência) besuntadas de mostarda. Essa foi a "entradinha" que antecedeu o magnífico *fetuccini* ao molho de cogumelos salteados no azeite.

Preciso dizer mais? Talvez seja importante dizer que, na receita original, a finalização era com parmesão ralado. Usou também manteiga. Acho que ele não se importaria com essa minha liberdade de, digamos, interpretação.

CAPÍTULO XXIX

As fases

Fui convidado para um churrasco. Claro que, novamente, não vou! Costumo dizer que em festa onde o principal convidado está morto eu não me sinto bem. E peço também que não me convidem. Gosto das pessoas, gosto muito das pessoas, eu gosto de bichos, de todas as espécies, mas não quero ficar com elas em churrascos. Se elas ficam constrangidas? Ficam, sim. Mas quando escolhi ser vegano, ativista da causa (de meia pataca, mas ativista), renunciei a várias coisas, algumas antes muito prazerosas, pois como disse e digo, escolhas implicam renúncias.

Do meu filho, o Junior, por exemplo, já ouvi: "Você estragou para sempre os natais da nossa família". Sim, porque Natal sempre foi sinônimo de festim, de inúmeros corpos mortos, com horríveis queimaduras, esquartejados ou inteiros, sobre a mesa, enquanto todos, alheios ao sofrimento que antecedeu tudo, insensíveis à dor que infligíramos, gargalhávamos, inebriados nas bebidas, bocas e mãos engorduradas nos despojos. E tudo em nome do nascimento de Jesus, esse Avatar do Bem, da Bondade e do Amor.

Adorei o que ele disse, esbravejando, inconformado com a minha decisão. E ouvi mais ainda: "Ninguém precisa se preocupar com essa novidade, ele é de fases. Lembram-se da fase das comidas japonesas? Então, também isso vai passar", disse. Verdade! Houve uma época em que eu, cozinheiro, aprendera a fazer comida japonesa e tentei implementar essa dieta em casa. Só não deu certo porque a família enjoou (isso ele não sabia, até este instante – pois sei que ele está lendo estas anotações) e tive que parar. Entretanto, como eu gosto de causar um escândalo, vez em quando, essas palavras dele até serviram como estímulo. Quando você "causa", percebe que ainda está vivo.

Nos convites para churrasco, como esse que recebi hoje, sempre vem um pedido de desculpas embrulhando o pesadelo: "Não tive escolha, as pessoas insistiram, teve gente que pediu". E logo uma solução: "Mas você não se preocupe, o pessoal mandou fazer uma porção de saladinhas especialmente para você". Meigo, pois não? Diante de tanto carinho, a única resposta politicamente correta seria: "Tá certo, eu vou".

Mas não vou mesmo! O cheiro do negócio vai me invadir, vai me jogar no passado, vai me lembrar minhas culpas (e são tantas, tantas!), não vou ficar feliz. Por que, então, iria? E depois tem uma outra grande verdade, que é o fato de eu gostar de salada. Gosto, sim, de uma saladinha bem variada, bem temperada, porém gosto como entrada. Vou comer o que depois? Hã?

Às vezes, quando dou essa resposta malcriada, ouço o melhor de tudo: "O pessoal também comprou frango e peixe para você".

Ah, tá!

Às vezes, como uma espécie de desculpa pelo fato de eu não ser tão maleável quanto alguns amigos e amigas gostariam, envio ao evento algo que me represente, um mimo qualquer, como uma ***Conserva de alho*** muito saborosa. O leitor ou a leitora gosta de alho?

Costumo fazer quando é época de safra, preço acessível e qualidade muito maior. Compro alguns quilos e faço para todo o ano. Isso às vezes porque em grande quantidade acaba dando trabalho correspondente, coisa que nem sempre quero enfrentar.

Pego a cabeça de alho, retiro o excesso de palha e corto as pontas dos dentes de alho, mantendo a cabeça íntegra. Organizo-as em assadeira, rego com azeite, salpico sal, pimenta-do-reino, orégano e ponho para assar em forno médio, retirando assim que percebo que o alho está assado (macio), coisa que identifico utilizando um garfo para perfurar os dentes de alho e perceber a resistência.

Espero esfriar e organizo as cabeças de alho em vidros, até enchê-los, de forma que as partes cortadas fiquem voltadas para o lado de fora. Coloco algumas pimentas vermelhas do tipo dedo-de-moça e folhas de louro para ornamentar e encho o vidro com azeite até cobrir, melhor ainda, até a boca, não permitindo a presença de ar; não quero que oxide.

Fecho bem o vidro e coloco-o para aquecer em banho-maria, até a fervura. Disseram-me que essa providência garante um certo *vácuo* e fecha o vidro hermeticamente.

Desligo o fogo e guardo as conservas em local seco e arejado.

Esse alho pode ser consumido com pão (com pão italiano é uma festa) ou utilizado em outras preparações culinárias. Depois do alho, o azeite que restar no vidro poderá ser utilizado. O sabor do condimento é muito suave, o do azeite também, e o alho, bem, esse torna-se deliciosamente cremoso, uma iguaria como poucas.

Às vezes, em vez de fazer as conservas com as cabeças inteiras, faço com os dentes de alho soltos. É também bom demais.

CAPÍTULO XXX

Você só come verdurinhas?

Os vegetarianos, em geral, gostam de comentar sobre as perguntas que lhes fazem. Alguns se dizem até chateados com a repetição das mesmas perguntas, algumas muito engraçadas, outras nem tanto, por pessoas que não pararam nunca para pensar no assunto e que provavelmente não vão parar para prestar atenção na resposta que receberão.

Eu não fico chateado, não. Até gosto. Sou um ecochato, lembra-se o leitor? Já disse isso. Continuarei sendo. Apraz-me (gosto dessa palavra, ela é quase tão chocante quanto a palavra *vegetariano*) responder, sou um ecochato de carteirinha, como já disse lá atrás, sou o cara que inferniza, que tenta convencer, que alguns não suportam ouvir. Amo muito tudo isso!

As mesmas vinte palavras, disse o poeta. As mesmas vinte perguntas, as mesmas vinte respostas, digo eu.

“Cara, você é vegetariano? Não parece!”

Claro que não parece, ser isto ou aquilo não tem aparência. Mas a pessoa que faz a pergunta tem lá sabe qual ideia de aparência dos vegetarianos na cabeça, talvez um ogro, talvez um desatinado, de cabelos revoltos e olhos ausentes, um ser esverdeado de tanta alface.

“Você só come verdurinhas?”

Essa é a campeã. Sempre vem. Você retirou meia dúzia de ingredientes do cardápio (boi, vaca, cabrito, carneiro...) e algumas pessoas imaginam que sobraram apenas folhas. Por quê? É que há inúmeras variações com a carne, costuma-se usá-la em quase todas as preparações, como os molhos de carne (a indústria fala em molho de carne e de galinha como se fossem coisas diferentes – já percebeu?) e as raspas de bacon que se adicionam a pratos insuspeitos, até molho *al sugo* e farofas, saladas *Caesar light*, sem *light*, *lait*, *dait*, o diabo.

A resposta é uma delícia para os ecochatos, uma oportunidade de ouro, pois existem milhares de possibilidades entre as *coisas* que sobraram como alimento. As inúmeras variedades de folhas, grãos, tubérculos, frutos, cereais, com ou sem cozimento, possibilitam a mesa mais perfumada e colorida, uma imensa riqueza em nutrientes e sabores, um território que, para a maioria dos onívoros, é inteiramente inexplorado.

"Mas nem um pedacinho? Um pedacinho não vai te fazer mal."

Pra mim, talvez não. Para o bicho que foi sacrificado, a resposta é bem outra. Minhas escolhas foram conscientes e espontâneas, não fui obrigado. Se eu quiser comer, eu como. Mas, porque eu não quero, eu não como.

"Você diz que não come porque isso seria matar, ainda que de forma terceirizada, um ser vivo. Mas as alfaces também são seres vivos e você as come. Dos vegetais você não sente dó?"

Essa é uma das perguntinhas mais lindas. Resposta óbvia: não, não tenho dó das alfaces, pois as devoro impiedoso e obstinado. Resposta engraçadinha: no dia em que as alfaces berrarem como berram bois e porcos na hora da morte, eu paro de comê-las. Resposta pseudocientífica: alimento-me de vida, não como cadáveres. Outra resposta pseudocientífica: as terminações nervosas que conduzem a sensação de dor ao cérebro não existem nos vegetais, aliás, nem o cérebro (e digo isso com a cara de quem acha que sabe tudo sobre os seres vivos).

A melhor resposta: olho para o lado, suspiro e falo sobre o tempo, as margaridas, as questões sobre gramática da língua inglesa que caíram nos últimos vestibulares ou comento o comportamento das ações da Nasdaq e na Bolsa de Valores de Nova York, pois quem faz esse tipo de pergunta está apenas provocando. Já uma sonora gargalhada, seguida de um tapinha no ombro, acompanhada de uma piscadela e de um jocoso "Ah, canalha!" pode ser uma resposta gostosinha. Tudo vai depender do meu bom humor. Ou da falta dele.

"Mas está uma delícia. Eu tiro a carne e você come os legumes, não come?"

Vamos combinar assim: dessa pergunta, você me poupa.

Mas existem muitas outras perguntas. Algumas pessoas querem saber como é que dá pra aguentar ficar sem carne. Outras afirmam que esse tipo de comportamento poderá levar, se generalizado, a um desequilíbrio ecológico perigosíssimo, pois os bichos se multiplicariam desordenadamente e teríamos que dividir nossos espaços com bois e galinhas, esquecendo-se – porque lhes convém! – de que a quantidade de animais hoje existente está diretamente relacionada ao consumo e à criação industrial praticada pelo faminto agronegócio. É óbvio que a diminuição desse absurdo, que é a criação industrial para matança industrial, implicaria a redução dos plantéis, não o contrário. Por seu turno, a agricultura familiar geraria empregos e acabaria com o desconcerto. Mas isso é assunto para outro livro. Não cabe aqui.

Há quem apele: "Mas Cristo comia e multiplicava peixes".

Nesses casos, sou sempre obrigado a responder que não tenho nada com isso e que, se está escrito que Ele multiplicou peixes, não está escrito que Ele os comeu. Aliás, essa coisa de multiplicação de peixes mais me cheira a transgênicos, clones e mais clones. Eu não quero repetir ações que teriam sido praticadas amoralmente (*o tempora, o mores*) há mais de dois mil anos. E mais: também está escrito, no Livro do Gênesis, que "disse Deus (o Pai): as folhas, os frutos e as sementes serão o vosso alimento". Eu é que não vou contrariar. Truco!!! Mania de querer justificar crueldade com interpretações bíblicas!

Há mais. Por que não comer queijo e ovos? Por que não tomar leite? O ferro dos vegetais é igual ao da carne? Como você faz para garantir as suas proteínas?

Pondo os pingos nos iiiii:

Para mim, carne não é alimento. Carne é bicho, companheiro de jornada neste Universo que eu não compreendo, neste planeta a que denominamos Terra. Animais somos todos iguais, sentimos fome, frio e medo, sentimos dor. Esforço-me em não desejar para os outros aquilo que não quero para mim. Leite é assunto de outros capítulos, queijo deriva dele e ovo é o novo design para cápsulas de hormônios e antibióticos.

Pronto! Agora me deu fome. Vou fazer **Nhoque** (gnocchi, nhoc, inhoque, chame como quiser). Será que trouxeram batatas?

* * *

Foi bom demais!

Haviam trazido as batatas, sim. E, não só, elas estavam cozinhando já havia tempos, estavam descascadas, bem cozidas e macias. Fiz então, segundo a opinião geral, um dos melhores nhoques de todos os tempos. Eles sempre dizem isso, como você já leu aqui. Creio que é (temo que seja) só um encorajamento para que eu continue com o umbigo na pia.

Passei 2 kg de batatas pelo espremedor e acrescentei 3 colheres (sopa) de azeite, 2 colheres (chá) de sal, 750 g de farinha de trigo. Misturei e amassei, amassei, deixei descansar uns minutinhos (para que o glúten existente na farinha se *liberasse* e desse a *liga* necessária à massa).

Fiz da massa algumas bolas e as abri como roletes, cortando-os em nhoques com a faca. Depois, jogava-os na água fervente e a Edilma, minha cunhada, os retirava da água tão logo boiavam, com uma escumadeira, enquanto minha filha os colocava em fôrmas de vidro refratário daquela marca que todo mundo conhece e que eu não vou dizer aqui, pois me recuso a essa metonímia forçada pela publicidade esperta.

Aí foi só colocar o molho (use o molho que preferir, vermelho, branco, rosado, pouco importa) por cima e comer. Macios, deliciosos e confeccionados por toda a família, pois cada um deu a sua participação como ingrediente (isso é coisa rara, aproveite!), os nhoques são um fetiche no dia 29 de cada mês. Eis a história sobre o assunto que eu colhi na internet em um *saite*, *sítio* ou endereço eletrônico, que também não vou revelar, pois são muitos endereços, uma só história, e não tenho a mínima ideia sobre quem recortou e colou quem. Se quiser, vá ao *oráculo* (programa de busca) e digite *nhoque* para ver:

Conta a história que São Pantaleão, num dia 29 de dezembro, vestido de andarilho, perambulava por um vilarejo, em algum lugar da Itália. Com fome, bateu à porta de uma casa e pediu comida. Foi recebido por um casal que, mesmo com certa desconfiança, o convidou para sentar-se à mesa com eles. Como eram pobres e os tempos eram difíceis, não tinham muito o que comer. O único alimento eram nhoques, que dividiram com o Santo: sete nhoques para cada um. São Pantaleão comeu, agradeceu a acolhida e se foi. Para a grande surpresa, ao retirar a mesa, o casal encontrou embaixo dos pratos moedas de ouro.

A *simpatia* é simples: coloque uma nota de qualquer valor sob o prato com nhoque. Pode ser dólar, real ou qualquer moeda estrangeira. Em seguida fique de pé e concentre-se para iniciar o ritual. No prato, separe sete nhoques e coma um a um. Para cada nhoque, faça um pedido diferente. Depois, sente-se e saboreie o restante do prato, de preferência com um bom vinho italiano. O dinheiro colocado sob o prato deve ficar guardado até o próximo dia 29, para garantir a fartura. Outros dizem que deve ser dado a alguém que necessite ou usado quando for feita nova simpatia.

Como?

Que molho eu usei?

Esse é segredo familiar, mas se eu fosse você, bateria no liquidificador uns 2 kg de tomates e 3 cebolas, colocando tudo para cozinhar por um bom tempo, até reduzir em 1/3 o volume, em uma panela já contendo um refogadinho de alho (4 dentes) e cebola picada (meia cebola grande). Um pouco de sal, sempre a gosto. Se o tomate utilizado for *italiano*, isto é, daqueles de formato alongado, não será necessário usar uma pitada de açúcar para reduzir acidez, mas se for carmem ou débora, o açúcar pode fazer a diferença. Gosto muito de colocar um cálice de vinho tinto, faltando uns 5 minutos para desligar o fogo. Depois – se fosse eu! – colocaria umas raspas de noz-moscada e umas folhas de manjericão ou alfavaca para perfumar.

Sacrossanto *Dio*!!!

O próximo capítulo é fundamental. Tive que torná-lo meio sério, pois é de coisas sérias que ele trata.

CAPÍTULO XXXI

B_{12}: dilema & mitos

"**Se há necessidade da vitamina B_{12}** para uma vida sadia e ela só pode ser obtida em produtos de origem animal, esse é o sinal, a prova cabal e definitiva de que não faz sentido algum irmos contra a nossa própria natureza."

A frase que escrevi acima é um argumento interessante em favor de uma alimentação onívora. Melhor ainda, parece ser o argumento que corrobora a tese da inarredabilidade da dieta *carnivorista*, ou mesmo ovolactovegetariana, pois a B_{12} é uma vitamina indispensável à integridade física, fundamental para a manutenção do sistema nervoso e das células do sangue. Ao longo do tempo, sua deficiência pode levar a graves anemias e alterações neurológicas.

Algumas pessoas esperneiam: "Basta tomar a vitamina B_{12} em cápsulas, dessas que são vendidas em farmácias de manipulação", asseguram. Mas os adversários do vegetarianismo devolvem: "A suplementação artificial da vitamina é a prova de que o homem não pode abster-se das carnes e laticínios". Bingo!

Há controvérsias, meu caro leitor, e eu vou abordar essa questão apenas porque ela viria até mim de qualquer jeito, trazida por alguém com este meu livro embaixo do braço, e sempre, e sempre. Ao abordar o assunto aqui, aborto essa cena. Se alguém ainda assim me questionar, direi, com a cara mais lavada (e satisfeita) do mundo: "Mas então você não leu o que escrevi?" Truco!

Claro, essas discussões não podem ter como meta o estabelecimento de vencedores e vencidos. As discussões são necessárias, acho mesmo que são indispensáveis, porque esclarecer, informar e ser questionado em troca faz parte desse processo guerrilheiro em que acabei me enfiando. *Fiat lux*! – é disso que precisamos.

Alguns médicos e nutricionistas sugerem suplementação da B_{12} assim que a pessoa se torne vegetariana, embora sejam unânimes em afirmar que há déficit de B_{12} entre os onívoros com igual frequência. Aliás, chegam a recomendar que gestantes e crianças façam habitualmente suplementações, mesmo com exames laboratoriais normais, e a recomendar para todos, idosos ou não, o mesmo procedimento. Outros deixam claro que os estoques de B_{12} são muito grandes em pessoas com alimentação onívora e que esses estoques podem durar muitos anos, às vezes cinco anos, às vezes bem mais que isso, até trinta anos em pessoas que foram onívoras durante boa parte de suas vidas (é o meu caso). Outros, ainda, dizem que a B_{12} não é suplementada em animais mamíferos, herbívoros, como cavalos, hipopótamos, girafas, elefantes, rinocerontes, que a obtêm das ervas que consomem, e estas a conseguem da terra. Não, o assunto, definitivamente, não é pacífico.

Há muitas diferenças nos comentários, crenças e mesmo relativamente aos conhecimentos científicos, sempre sujeitos a alterações e atualizações. O Paulo César, ativista pela paz, vegano há muito, recusa-se, com a cumplicidade da Ivonete, sua esposa, a render qualquer homenagem às mitologias da B_{12}. Para ele, conforme me confidenciou, os exames de controle só fazem sentido quando se crê neles e nas razões para eles. Por essa convicção, nunca submete seus filhos, veganos desde o ventre materno, a exames de sangue para aferição dos níveis da vitamina.

Para mim, toda essa celeuma tem uma origem clara: como a B_{12} é a única coisa que não se pode obter dos vegetais, ao menos a partir do que hoje se sabe, pois as pesquisas prosseguem, ter-se-ia, conclusivamente, que a carne, ou o leite, ou os ovos, ou os queijos têm algo que os vegetais não têm, e isso demonstraria a sua superioridade, em certos modos de visão.

Entretanto, também aí residem discrepâncias de opiniões, pois algumas algas, como a nori e/ou Chlorella, consumidas por veganos, propiciou-lhes concentrações séricas de vitamina B_{12} aproximadamente duas vezes maior que a de veganos não consumidores dessas verduras marinhas.[8]

Também o dr. Alberto Peribanez Gonzalez, mestre e doutor em medicina pelo Institut fuer Chirurgisches Forschung Ludwig Maximilian Universitaet Muenchen,[9] especialista em Nutracêutica pelo Hospital da Lagoa Prof. Célio Mendes, no Rio de Janeiro, e membro da Deutsche Gesellschaft fuer Chirurgie,[10] em seu intrigante *Lugar de médico é na cozinha*, apresenta a Chlorella e o complexo kelp (basicamente a alga kombu) como fontes excelentes de B_{12}.

Não sei como fica o status desses estudos diante dos pesquisadores que afirmam serem essas fontes (as algas) continentes apenas do análogo inativo da vitamina, ou como fica o status das afirmações desses pesquisadores diante dos resultados daquela pesquisa finlandesa. Mesmo quando há opiniões doutas, as divergências são notáveis e eu não sei para onde correr.

Para alguns, toda a preocupação é descabida, pois a B_{12} seria produzida por nós, em nosso intestino, a partir das bactérias que colhemos na carne, no leite, nos ovos, elementos impregnados por esses micro-organismos. Outros ainda há que alertam para a produção da B_{12} em segmento final do intestino, quando seria, digamos, "tarde demais" para a sua absorção útil aos nossos corpos. Já nos bois, elefantes e girafas, a produção ocorre a tempo de seu aproveitamento.

O dr. Charles Attwood, autor do célebre *Dieta vegetariana para pais e filhos* (Madras, São Paulo, 2000), lembra que a deficiência da B_{12} entre os veganos é rara e que a única explicação possível para esse fato seria a *autossíntese*. Para afirmar isso, toma por base a razoabilidade, pois os animais herbívoros produzem a B_{12} em seu trato gastrointestinal a partir das bactérias do solo existentes nas plantas (repito, no interior das plantas) que consomem, sendo pos-

---

8. RAUMA A.L., *et al. J Nutr*, out.1995, 125 (10): 2511-2515, Departamento de Nutrição Clínica, Universidade de Kuopio, Finlândia.

9. Instituto de Pesquisa Cirúrgica da Universidade Ludwig Maximilian de Munique, Alemanha.

10. Sociedade Alemã de Cirurgia.

sível formular a hipótese, portanto, de que o mesmo pode ocorrer quando indivíduos humanos consomem alimentos naturais.

Isso é tanto mais provável se, por acaso, os alimentos forem orgânicos, isto é, se não estiverem expostos (e com eles as bactérias com as quais se produz a tão desejada vitamina) aos agrotóxicos ou se as plantas não estiverem exageradamente limpas com bactericidas, tão em moda hoje em dia.

E se houver adubação orgânica? As plantas farão a absorção das bactérias? Sabemos que os animais herbívoros não se preocupam com as fezes dos pássaros sobre o verde que consomem, fezes repletas de bactérias produtoras de vitamina B_{12}. Há razoabilidade nisso para os seres humanos?

Pensei muito a respeito.

Embora tenha sido onívoro durante décadas, tornei-me ovolactovegetariano e depois vegano. Obediente, fiz os testes laboratoriais e constatei que em meu organismo há, ainda, muita lenha pra queimar relativamente à B_{12}. E o que eu faço com os meus ouvidos?

Se ouvir o dr. Eric Slyvich, farei suplementação imediata; se ouvir o Paulo e a Ivonete, nunca mais me preocuparei com o assunto. Se atentar ao que dizem os finlandeses, haja algas; se ouvir Gonzalez, estarei em paz na Chlorella e na kombu, e se prestar atenção a Attwood, consumirei alimentos orgânicos sempre que possível, até fazê-lo por inteiro, se e quando as leis de oferta e procura permitirem.

Sei que toda essa questão paga o preço do século XXI e de todas as distorções e desvios de conduta que carregamos do XX; é o custo dos tempos modernos, mas cautela e caldo de... legumes nunca fizeram mal a ninguém.

Enquanto isso, algas, alimentos orgânicos e exames periódicos. Se for necessário, suplementação sintética (qual o problema?). Mas bichos, só bem vivos, no meu colo ou na floresta. No meu prato, nunca mais.

E agora, já pensando no desjejum de amanhã, creio que um ***Queijo de macadâmias*** fará um sucesso esplêndido dentro do meu corpo.

Para preparar essa delícia, precisarei bater no liquidificador 3/4 de xícara (chá) de macadâmias com 1 1/2 xícara (chá) de água, acrescentando 1 pacotinho de ágar-ágar (a embalagem vem com 2 sachezinhos) ou 5 colheres de chá (colher de chá de medidor, com 5 ml) enquanto bate, além de 1 colher (sopa) de azeite extra virgem. Quando estiver bem batido, passarei tudo para uma panelinha e levarei ao fogo até ferver. Por apenas 2 minutos continuarei mexendo, enquanto acrescento uma pitada de sal. Então, despejarei em uma fôrma. Quando estiver frio, terá endurecido.

Esse queijo é saborosíssimo, e as macadâmias são as melhores castanhas para fazê-lo. Quem já tentou avisa que é possível, sim, fazer com outras castanhas, mas que o sabor é bem diferente, exceto, talvez, com amêndoas sem pele.

Algumas receitas levam suco de 1 limão (nunca tentei) e outras, ainda, levam 1 colher (chá) de levedo de cerveja (acabei fazendo, mas não vi vantagem). Para obter aquele tom ligeiramente ocre, característico dos queijos "tipo minas", é suficiente acrescentar uma pitadinha de açafrão-da-terra (eu prefiro esse queijo branquinho).

E ágar-ágar?

É uma gelatina vegetal, muito mais saudável que a *outra*, rica em sais minerais. É uma mucilagem que provém de algas marinhas vermelhas (*Gelidium corneum*, *Gelidium sesquipedale*, *Pterocladia capillacea*, algas agaríferas), uma mistura de polissacarídeos complexos, basicamente polímeros de galactose sem enxofre e agaropectina. O sabor é ótimo, neutro. Só um pouco do pó já rende bem.

É fácil encontrar ágar-ágar em armazéns ou entrepostos naturalistas, principalmente os atacadistas, em zonas cerealistas e de ervanários distribuidores, que possuem melhor preço do ágar-ágar. Também nas lojas de produtos e comidas orientais é muito fácil encontrar, especialmente nas de origem japonesa, chinesa ou coreana. Em São Paulo, o melhor preço se encontra na zona cerealista, atrás do Parque Dom Pedro II, na rua Santa Rosa, avenida Mercúrio e adjacências. Compra-se a granel ou em embalagens com 2 pacotinhos (suficientes para 2 queijinhos de 250 gramas cada).

Se na sua cidade, leitor, não for fácil de encontrar, recomendo o caminho de sempre: internet. Aí, só combinar o envio pelo correio. Se comprar uma quantidade razoável, duvido que o vendedor se recuse a negociar com você. Alternativa? Ligue para um amigo ou parente de um grande centro e peça esse favorzinho de enviar para você. Se esse amigo se negar, você já pode riscá-lo de sua lista de amizades. Afinal, que amigo é esse?

Com ágar-ágar (essa é a pronúncia correta) é possível preparar muitos pratos. Depois da fervura, ela endurecerá sem necessidade de refrigeração.

Faça com frutas, do mesmo jeito que se habituou a preparar as gelatinas animais. Você só tem a ganhar.

E o queijinho de macadâmias? Coloque sobre pizzas. Ele derreterá de prazer com o calor do forno.

CAPÍTULO XXXII

Alergia

Fui atraído pelo Gabriel para o cinema e o filme era outro. Os filmes eram outros. A programação, então, restringiu-se a lojas e lojas, a família comprando coisas inúteis e coisas úteis, nem tão precisadas, mas capazes de resfriar a ardência do consumismo. É tão bom. No intervalo, praça de alimentação, que ninguém é de ferro, mas eu insisto em ser.

Primeiro, rolou uma paradinha para um chopinho alemão, que só falava português. Mas a temperatura estava no ponto certo, pro meu gosto, e no desespero a Betania pediu umas entradinhas, à guisa de *couvert*. Eu comi as 6 azeitonas todinhas, enquanto o creme estranho e a manteiga permaneceram no seu mistério intacto e a coxinha foi degustada por ela, que também não perdoou a batata cozida. Tudo isso porque já eram duas da tarde e era a fome quem governava minha mulher.

Depois, fomos encontrar os outros, já instalados em frente ao atendimento da tal cantina italiana. Todos buscaram suas preferências e eu, novamente, estava preparado para passar uma fomezinha básica.

A coisa é mais ou menos assim: todos me acompanham aos restaurantes vegetarianos. Fico sensibilizado. Por que, então, não acompanhar a família quando em excursão a território alienígena? Vou, dou umas resmungadas pra demarcar território, e pronto. Claro, desde que não seja uma "churr...". Aí também seria demais.

Mas a Amanda sai na frente. Pergunta ao cantineiro se o macarrão é de *grano duro* ou *com ovos* e me afirma, categoricamente, que eu preciso experimentar a comida daquela cantina, que eu serei muito tolo se não aproveitar, que o molho *al sugo* é só tomate e tempero, que o macarrão é de *grano duro*, que ela já perguntara, enfim...

Para não parecer irascível, entro na fila. Mas não nasci ontem, tenho meus truques. Se eu perguntar ao cantineiro se o molho só leva tomate, a resposta vai ser que sim, que só leva tomate. Se eu perguntar se vai carne, a resposta será que não, que não leva carne. Se eu disser que não como carne, ele vai dizer que não tem carne de jeito nenhum.

— Boa tarde, amigo. Tudo bem?

— Tudo bem, o que vai pedir?

— Bem, preciso que me ajude. Sabe o que é? É que eu sou alérgico. Tenho uma alergia terrível a comidas de origem animal. Qualquer coisa que eu coma pode me mandar para o hospital. E o pior é que eu passo mal na hora mesma em que eu ponho a comida na boca. Começam umas erupções, eu caio, eu desmaio na hora mesmo e... me diga, por favor, nesse molho *al sugo*, por acaso...

— Ah, tem sim! O molho é cozido com carne dentro, depois é que a gente tira.

— Ah!

Desse jeito, não tem erro. É sempre assim. A cozinha acha que é preciso colocar carne, senão fica "sem gosto", só tempero não basta. Se não for carne, será um desses caldinhos industriais, "só pra temperar", e tem que ser de carne, pois o de legumes não dá aquele "gostinho bom".

De novo, enfrentei o plano B, aquele quiosque onde servem sempre aquele rango do macarrão *de grano duro* pré-cozido a que o cozinheiro vai acrescentando os ingredientes que o freguês solicita, com direito a 8 ingredientes diferentes, com azeite e sem molho. Sempre acabo ali, tentando explicar ao rapaz que não, não quero bacon, não quero frango desfiado, não quero queijo, não quero aquele brócolis da tigelinha onde caíram os pedaços de bacon, nem aquela cebola picada onde jaz um fiapo de frango recém-caído no transporte entre a cumbuca e a frigideira, no preparo do prato que aquele garoto cheio de manchas de craca no pescoço pediu. Só azeite, alho, alcaparras, tomates secos, alho-poró, manjericão, mais alho e mais azeite, além do sachezinho de sal.

Creio que, finalmente, a Amanda entendeu. Se eu digo a esses camaradas que sou vegetariano, corro o risco de os cozinheiros acharem que "é frescura desse cara", esse aí é um daqueles, então "diz pra ele que não tem bicho aí não", "vai ver como ele nem percebe". É aí que apelo para a alergia, com efeito imediatamente após enfiar um naco de bicho na boca. Tem que ser reação alérgica imediata, pois vai que eu pego um insensível que quer mais é "que esses vegetarianos frescos se ferrem...". Vale a experiência, e todos os tombos que tomei precisam servir para alguma coisa.

Certa vez, no mercadão (Mercado Municipal de São Paulo), lá na zona cerealista, resolvi comer um pastel de palmito. Era no início ainda da minha vida nova, há uns oito anos. Não era vegano, mas já botava minhas manguinhas de fora. Entretanto, quis fazer de conta que não conhecia, ou que não importava, o fato de todos os pastéis serem fritos na mesma gordura, os de carne, os de palmito, os de bacalhau, todos nessa orgia de banho coletivo e igualdade racial.

Foi um momento epifânico. Antes de dar de ombros, ocorreu-me investigar, com o cisco de pudor que me restara:

— Dona, por favor, sabe o que é? É que eu tenho alergia – e etc. etc. – e gostaria de saber se na massa do pastel entra algum ingrediente de origem animal – e tal e coisa...

O rapaz responsável pelo tacho de fritura, imediatamente atravessando a conversa, secundou que não, que não tinha não, que tudo era vegetal, que até a gordura (*trans*) em que ele fritava os pastéis era vegetal, que podia ficar sossegado.

— É que eu passo mal na hora, caio aqui mesmo, é uma alergia muito forte – reforcei.

A senhora do caixa, enquanto depositava à minha frente o prato com um enorme pastel de palmito já frito, pediu, naturalmente alarmada, que eu esperasse um pouco.

— Silvana – disse a uma mocinha – vai lá na dona Maria do Carmo e pergunta que gordura que ela põe na massa do pastel. Vai rápido.

E a tal Silvana foi, creio que feliz por se ausentar um pouco da rotina estafante do balcão. Aproveitei para explicar um pouco mais da minha alergia, e de como era perigosa, e fulminante, e de que maneira eu descobri a doença. Fui de uma criatividade tal que, a qualquer vacilo da senhora do caixa eu certamente daria até o nome científico da moléstia.

Depois de uma espera salivada, suportada com galhardia, o pastel sobre o balcão, eu com fome, o pastel lá, me esperando, a Silvana apontou lerda na esquina dos corredores do mercado, com uma varinha na mão, que arrastava entre as mercadorias em exposição e, não se fazendo de rogada, foi logo gritando:

— A dona Maria do Carmo disse que ela coloca banha de porco na massa.

Pois é! Foi assim que aprendi.

Logo depois, estava aperfeiçoado. Já quase vegano, ainda recalcitrante, em um hortifruti, no bairro do Butantã, pedi um pastel, mais uma vez fazendo de conta que nada sabia sobre o banho coletivo na gordura da fritura, dando uma quebradinha no meu pacto comigo mesmo, pois renunciar completamente aos pastéis ainda estava acima das minhas forças e o Loving Hut ainda não existia. Perguntei sobre a massa, garantiram que era tudo vegetal e lá estava eu. Foi a última vez.

À primeira mordida, um fio quente de queijo derretido se alongou entre o bocado de pastel de palmito em minha boca e o quinhão remanescente. Havia *mozzarella* ali.

— Por favor, pode chamar o gerente pra mim?

O gerente veio e eu, olhar apiedado, segredei:

— Olha, pedi um pastel de palmito e veio com queijo, sabe? O senhor me desculpe, é que eu sou doente, tenho alergia – e etc. etc. –, o senhor me entende? Agora tenho que ir com urgência a um pronto-socorro, eu vou passar mal, mas precisava avisar o senhor sobre isso.

— Meu Deus – disse, branco que nem cera –, o senhor quer que eu o leve ao hospital?

— Não será necessário – disse eu, tão bondoso que sou – já estou acostumado. Vou rapidinho, fique tranquilo – acrescentei, mau feito o cão. – Só quis avisar porque, talvez o senhor não saiba, nós somos muitos. Vai que acontece uma desgraça.

Minha vingança foi *malígrina*, como diz (caramba, dizia! – eis a distância psicológica entre escrever e publicar) o delicioso Chico

Anísio, travestido de Vampiro Brasileiro, personagem que sempre se estrepa nos episódios. Mas eu me saí inteiro.

Garanto que lá, nesse sacolão (agora se chama hortifruti, para garantir preços), o pastel de palmito com queijo morreu naquele dia.

Na minha casa, hoje, quando entra massa de pastel industrializada, por pura preguiça de fazê-la nós mesmos, isso só acontece depois de conferida a lista dos ingredientes. Não é em qualquer supermercado que se encontra uma massa completamente vegetal, mas vale o esforço.

Nesses momentos de total solidão, a conduta do militante não é regida, ele está só, mas sua consciência não é elástica.

Cada produto tem a sua relação de ingredientes. É preciso paciência e atenção. O objetivo é dizer à indústria que não queremos produtos com substâncias de origem animal, diminuir suas vendas, mexer onde dói, na sua maior ferida, a queda nos lucros. O segredo é não comprar.

Claro que esse comportamento de formiguinha pode parecer risível, mas é a sua adoção por dezenas, milhares, e até por milhões de pessoas que vai derrotar essa prática de sempre utilizar pedaços de animais mortos nas mais diversas preparações. Aliás, é essa união de multidões que pode mudar o mundo, alterá-lo, melhorá-lo ou até destruí-lo.

Em homenagem aos porquinhos sacrificados aos milhares, acho que hoje é um bom dia para um ***Virado à Paulista***, vegetarianíssimo, com direito a pururucas, pirão, arroz e couve. Vai bem uma banana-da-terra acompanhando. Suco de laranja como bebida, durante ou depois, garante a absorção integral do ferro contido especialmente no feijão e na couve.

Acrescento um pires de farinha de mandioca a 250 g de feijão, carioquinha, bolinha, rajado ou preto, já cozido e temperado com bastante alho e cebola refogados, sal a gosto. Mexo e remexo. O pirão está pronto. Mas naquele que eu faço em casa nunca deixo de colocar 2 pimentas vermelhas dedo-de-moça picadinhas, sem sementes. Um fio de azeite extra virgem por cima dá um brilho gostoso ao prato.

Preparo um arroz branco, ou integral agulhinha, bem soltinho. A couve-manteiga bem picadinha, à mineira (no virado à paulista não pode faltar couve à mineira – política gastronômica café com leite), passada muito rapidamente no creme vegetal ou no azeite, com um tico de sal, vai se posicionar no prato ao lado do pirão e do arroz. Por cima, jogo pedacinhos de tofu defumado, fritos em azeite, dourados. E a tal pururuca?

Bem, na mesma gordura em que fritei o tofu defumado (tem que ser nessa gordura, pois ela dará sabor às lascas de PVT – proteína vegetal texturizada), quente ao limite, frito lascas de PVT grossa, bem hidratadas e bem cozidas em água perfumada com um pouco de gengibre, devidamente escorridas e espremidas, partidas, que praticamente empanei em um pacotinho de creme de cebola (cuidado com os ingredientes – leia a lista com atenção). Fritando em gordura bem quente até dourar, as lascas ficam muito crocantes e saborosas, bem pururucadas. Outra possibilidade? Trouxinhas de nata de soja. Frite-as até dourarem e corte-as em rodelas. Ficam muito crocantes e cheias de sabor. Impressionam! O porém é que se parecem demais com pururuca suína, dá até medo.

As bananas-da-terra, fatiadas longitudinalmente, preparo-as grelhadas, um pingo de óleo ou azeite.

Aí, só degustação.

PC@,4

CAPÍTULO XXXIII

Segmento ovolacto

Hoje fui ao Ser Afim, nome sugestivíssimo para um restaurante vegetariano, onde encontramos as afinidades todas com esse mundo de pessoas incríveis, estranhas, paralelas, alternativas ("Quanto mais piercings e tatoos, mas pacíficas elas são", disse-me a Edilma, certo dia, espantada). Até algumas ainda normais, dessas lá há, como as madeiras virgens do Rosa. Os pratos são uma festa, honrando o segmento ovolactovegetariano e, ao mesmo tempo, caminhando a passos muito largos para o veganismo. Obras da Sílvia, a chef argentina que inspirou o empreendimento Vila da Mata. Hoje havia apenas um prato com queijo, as panquecas, todo o cardápio era vegano, e a letra "v", indicativa dessa qualidade, ornamentava as etiquetas.

Uma travessa chamava a atenção entre quiches de palmito, chutney de mamão *da vez*, saladinhas germinadas, proteína xadrez com pimentão e amendoim, arroz chop suey, feijão azuki, moyashi com tofu, panquecas fumegantes, inúmeras saladas, harussame temperado com mangas maduras, sopas e outros pratos quentes. O que havia na travessa, afinal, que se destacava entre essas delícias todas?

Um **farofado**. Comida típica do nordeste, com cara de Minas Gerais. Nada mais nada menos que uma farofa de farinha de milho aplicada sobre um refogado temperadíssimo de tirinhas de seitan (também conhecido como bife de glúten). Por cima, uma couve-manteiga à mineira e, rodeando tudo, em toda a extensão da travessa de barro, pedaços de mandioca frita.

Brasileiríssimo, saborosíssimo, é claro que esse prato precisa de alguém que saiba o que está fazendo na cozinha e saiba usar tempero de forma ao mesmo tempo contida e generosa, a alquimia a serviço do paladar, da gula e da saúde.

O leitor embasbacou-se com o tal do ***Seitan***? Sim, é comida proibida para os portadores de síndrome celíaca, pois eles não podem consumir alimentos que contenham glúten. Aliás, por causa deles e para eles surgiram os macarrões de arroz e os pães especiais, e é em virtude disso que todas as embalagens de alimentos trazem a advertência "contém" ou "não contém" glúten.

O conjunto de proteínas do trigo tem o nome de glúten e pode ser extraído da farinha de trigo da seguinte maneira: Misture 8 xícaras (chá) de farinha de trigo com 3 xícaras (chá) de água, amassando bem até que forme uma pasta firme. Após bem amassada, forme uma bola e deixe por meia hora, ao menos, imersa em água na vasilha em que foi amassada. Melhor se deixar toda a noite em imersão. Procure depois retirar todo o amido da massa, amassando-a com as mãos imersas em água. Esta água vai dissolvendo o amido. Remova-a de quando em quando, até que fique clara. Então, não conterá mais amido, mas só glúten. Durante toda esta operação a massa deve ser mantida sempre junta.

Cansou só de ouvir? Então, vá à zona cerealista e compre glúten de trigo (no Ser Afim vende, no Moinho de Pedra vende e na imensa maioria das lojinhas dos restaurantes vegetarianos é possível encontrar). Atenção: não é farinha de glúten, é glúten de trigo, um pó finíssimo, extraído do trigo. A farinha de glúten é farinha de trigo com glúten adicionado, ideal para o preparo de pães, pois dá elasticidade à massa.

Faça então uma mistura de glúten e de farinha de trigo (branca ou integral, preferencialmente orgânica – seja exigente!), à base de 50% de cada uma, ou de 3/5 de glúten para 2/5 de farinha de trigo. Aqui em casa costumo usar meio a meio. Foi o que o pessoal acabou preferindo depois de testar várias composições e dosagens. Faça você as suas e escolha aquela que mais agradar.

É importante misturar muito bem. Põe muito bem nisso! Depois, acrescentar água o suficiente para formar uma massa homogênea. Deixar descansar algum tempo, algumas horas ou até de um dia para o outro. Está pronto!

Agora é lavar, e lavar em água corrente e depois em uma bacia. As perdas são mínimas, só para retirar o excesso de amido (a água branca, sempre esgotada, vai levá-lo para longe). Depois, abrir sobre uma dessas tábuas de cozinha, madeira, plástico ou vidro, e temperar com: cebola picadinha, pimenta-do-reino, alguns cravos-da-índia, um pouco de orégano, um pouco de noz-moscada, folhas de louro e shoyu. Enrolar como rocambole (ou como uma trouxa), colocar no fundo de uma panela e cobrir com água fervente. Cozinhar por 40 minutos. O seitan está pronto para ser utilizado.

Cortar em bifes ou lascas finíssimas, temperar novamente e usar para bifes à milanesa, estrogonofe, picadinhos diversos, com ou sem legumes, com ou sem molho de tomates, com ou sem mandioca frita acompanhando as iscas.

Agora, claro, eu não poderia deixar de apresentar uma receita de ***Chutney de mamão***, já que o nome foi citado. Lá vai: uso 1 mamão médio meio verde (*da vez*),[11] 1 pedaço não muito grande de gengibre (cuidado para não exagerar no gengibre, isso pode ser um tiro pela culatra!), cerca de 1 colher (chá) de pimenta calabresa, ou outra, a gosto, cerca de 5 colheres (sopa) cheias de açúcar (eu uso açúcar cristal orgânico, é o melhor para essa preparação) e cerca de 100 ml de vinagre branco (uso o de maçã, mas gosto também daquele especial que se usa nos temperos de sushi).

Descasco o mamão, retiro as sementes e pico em cubos pequenos (não precisam ser minúsculos). Descasco e ralo o gengibre. Junto todos os ingredientes em uma frigideira grande e vou mexendo, em fogo baixo, até dar o ponto de uma geleia não muito mole, ainda visíveis os pedaços do mamão. Se for necessário, vou pingando água enquanto cozinho.

Sirvo com saladas e com arroz (prefira o integral, embora eu ainda não tenha conseguido abandonar o arroz branco. Mas vou conseguir!).

Agora, se eu fosse você, nem lia o próximo capítulo. Pulava. Ele está ótimo para consultas, não para leitura fluida. Você decide, leitor, mas... vai ficar sem saber?

---

11. Jeitinho interiorano de dizer *só meio maduro*, que a Vera me ensinou.

CAPÍTULO XXXIV

Armadilhas – parte 1

Muito bem! Transfigurou-se em vegano e agora não aceita (mais) participar do morticínio de escala planetária. O crescimento desse holocausto é flagrante. De todos os lados surgem as notícias mais escabrosas sobre a utilização de animais em tudo. Sabões fazem-se com sebo, sabonetes idem, ou com glicerina (animal), acrescenta-se lanolina (animal), além de outras substâncias, a tudo, e esse tudo vai muito além dos produtos para alimentação.

E o vegano, vegetariano que se recusa a usar pedaços de animais mortos para levar a vida até onde lhe será possível, lava suas roupas com sabões feitos com a gordura deles e esfrega-se, nos banhos, com os perfumados sabonetes produzidos a partir dos seus despojos? Insuportável.

Cedo ou tarde o aspirante a vegano vê-se às voltas com essa triste situação: há um percentual intolerável de coisas produzidas para o consumo humano, e também dos animais de estimação, que provêm do sofrimento animal: perfumes, sabonetes, lubrificantes, rações, velas, spray de cabelo, xampus, condicionadores, pós, ruges, desodorantes, cremes, agentes coagulantes, cremes antirrugas, corantes, máscaras para a pele, mel, produtos com colágeno, elastina, hidratantes, tinta de cabelo, gelatinas, laquê, graxa, lã, seda, pó de seda, pasta de dentes, enfim, uma variedade difícil de enumerar e nomear pela extensão.

Claro que, inicialmente, os vegetarianos percebem que as carnes podem ser afastadas com relativa facilidade dos seus hábitos e costumes de consumo alimentar. Aos poucos, porém, por meio de leituras e de conversas com pessoas que têm maior experiência e vivência nesse (seu) novo modo de ser, ele percebe que *o buraco fica mais embaixo*, e que o mundo da exploração animal é muito mais complexo.

Ao renunciar aos calçados, cintos e bolsas feitos com a pele ou o couro dos animais, às cápsulas (tão inocentes!) gelatinosas dos medicamentos, ao leite, aos queijos, o vegetariano se vê vegano. E agora, que fazer?

Abandona a roupa de seda, renuncia ao casaco e ao sapato de couro, procura produtos sintéticos, todos sempre muito mais baratos. Até aí, é fácil: os vendedores jactam-se do produto animal:

"Posso lhe garantir, meu amigo, é 100% couro."

"Ah! Então está certo. Não vou levar."

Simples assim. Vendedores interessados em vender a qualquer custo não costumam dizer que não, que não é couro, que é plástico, que é 100% uma imitação de couro, embora haja opções tão semelhantes que, honestamente, para se conseguir saber de que artigo se trata é necessário, às vezes, algum tipo de história, daquelas irresistíveis, como as alergias instantâneas, por exemplo.

Um amigo me confidenciou que, nos anos 1980, quando as imitações de couro pululavam, pois o couro era tão mais caro que as imitações eram chamadas de falsificações, ele tinha uma tática infalível. Solicitava ao vendedor autorização para encostar a ponta acesa do cigarro na peça (bolsa, cinto, sapato, casaco, carteira, pochete), para testar sua autenticidade. Se fosse sintética, a peça seria furada; se fosse couro, permaneceria intacta, pois couro não derrete à simples aproximação da brasa. Disse-me que jamais perfurou peça alguma. Assim que o vendedor negava a autorização, ficava claro que se tratava de material sintético. Se permitia a experiência, confiante, ficava igualmente claro que o couro era legítimo.

Maneiras e maneiras, tudo faz parte do show. Encontre a sua própria forma lembrando-se de que hoje as etiquetas são mais confiáveis que há 30 ou 40 anos. Nas listas de ingredientes, algumas indicações oferecem uma certa facilidade para a constatação da origem. Vou reproduzir aqui algumas, muito comuns, que consegui em um sítio *vegan*[12] (http://veganbr.wordpress.com), além das alternativas vegetais, quando possível, como:

- **Ácido Caprílico (Caprylic Acid)** – Ácido líquido e gorduroso do leite de vaca ou cabra. Encontrado em perfumes e sabonetes. Possui derivados como o Triglicerídeo Caprílico. Alternativas: fontes vegetais, como óleo de palma e de coco.
- **Ácidos Graxos Naturais** – Podem ser compostos de sebo bovino.
- **Ácido Esteárico (Stearic Acid)** – Gordura de vacas e ovelhas, e cães e gatos sacrificados. Na maioria das vezes se refere a uma substância gordurosa tirada do estômago de porcos. Pode provocar irritações. Usado em sabonetes, lubrificantes, velas, spray de cabelo, condicionadores, desodorantes, cremes. Possui diversos derivados, como os estearatos. Alternativas: o ácido esteárico pode ser encontrado em várias gorduras vegetais, como a noz de coco.
- **Álcool Cetílico (Cetyl Alcohol)** – Cera encontrada no espermacete (cetina) do esperma de baleias e golfinhos. Alternativas: Álcool cetílico vegetal (ex.: noz de coco), espermacete sintético.
- **Albúmen, Albumina (Albumen. Albumin)** – Proveniente de ovos, leite, músculos, sangue e vários tecidos e fluídos vegetais. Em cosméticos, a albumina geralmente é derivada de claras de ovos e usada como agente coagulante. Pode causar reação alérgica.
- **Almíscar, Almiscareiro (óleo de) (Musk (Oil))** – Secreção seca obtida dolorosamente dos órgãos genitais de cervo almiscareiro, castor, rato silvestre e outros. Gatos selvagens são capturados e mantidos em gaiolas em condi-

12. Sei que sou incoerente ao utilizar *vegano* e *vegan*. É que não são termos concorrentes, não no sentido de estabelecerem entre si uma competição. O primeiro nem é tão estrangeiro assim, num mundo de economia globalizada. É internacional, criado em 1944 por Donald Watson, cofundador da *British* ***Vegan*** *Society*. O segundo, aportuguesado. Depois, eu os uso assim mesmo, ora um, ora outro.

ções horríveis e são chicoteados ao redor dos genitais para produzir o odor. Castores são pegos em armadilhas, cervos são caçados com tiros. Usado na fabricação de perfumes. Alternativas: plantas com odor almiscarado.

- **Aminoácidos (Amino Acids)** – Blocos construtores de proteína em todos os animais e plantas. Usados em cosméticos, xampus etc. Alternativas: sintéticos e vegetais. Aminoácido da Seda: para a produção da seda, o casulo é fervido com a larva dentro.
- **Carmim, Cochonilha, Ácido Carmínico (Carmine. Cochineal. Carminic Acid)** – Pigmento vermelho obtido através da compressão da fêmea do inseto cochonilha. De acordo com o reportado, 70 mil insetos precisam ser mortos para produzir cerca de 450 gramas deste corante vermelho. Usado em cosméticos, pós, ruges, xampus. Pode causar reação alérgica. Alternativa: suco de beterraba (não possui nenhuma toxidade).
- **Caseína, Sódio Caseinado (Casein. Caseinate. Sodium Caseinate)** – Proteína do leite. Usado em vários cosméticos para cabelo, máscaras para pele etc. Alternativas: proteína de soja, leite vegetal.
- **Colágeno (Collagen)** – Proteína fibrosa, de natureza mucopolissacarídica, que é constituinte essencial da substância intercelular do tecido conjuntivo. Geralmente proveniente de animais. Não afeta o colágeno da pele. Pode causar alergias. Alternativas: proteína da soja, óleo de amêndoas etc.
- **Elastina (Elastin)** – Proteína elástica, encontrada nos ligamentos do pescoço e nas paredes arteriais das vacas. Similar ao colágeno. Não afeta a elasticidade da pele. Alternativas: sintética, proteína de fontes vegetais.
- **Esqualeno (Squalene)** – Óleo de fígado de tubarão. Usado em hidratantes, tinta de cabelo etc. Alternativas: vegetais emolientes como azeite de oliva, óleo de gérmen de trigo, óleo de farelo de arroz etc.
- **Esterol (Stearyl Alcohol. Sterols)** – Uma mistura de alcoóis sólidos. Pode ser obtido do óleo de esperma de baleia.

Usado em cremes, xampus etc. Possui diversos derivados. Alternativas: fontes vegetais, ácido esteárico vegetal.

- **Esteroide, Esterol (Steroids. Sterols)** – De várias glândulas de animais ou de fontes vegetais. Esteroides inclui esteróis. Esteróis são alcoóis de animais ou plantas (ex.: colesterol). Em cremes, loções, condicionadores de cabelo, perfumes etc. Alternativas: fontes vegetais e sintéticas.
- **Estrogênio, Estradiol (Estrogen. Estradiol)** – Hormônio feminino obtido da urina de éguas grávidas. Usado em cremes, perfumes e loções. Possui efeito insignificante em cremes e restauradores da pele; fontes emolientes vegetais são consideradas melhores.
- **"Fontes Naturais" ("Natural Sources")** – Pode significar fontes animais ou vegetais. Especialmente em cosméticos, isso significa fontes animais, como elastina, gordura, proteína e óleo animais. Alternativas: fontes vegetais.
- **Gelatina, Gel (Gelatin. Gel)** – Proteína obtida de pele, tendões, ligamentos e/ou ossos fervidos com água. De vacas e porcos. Utilizada em xampus, máscaras faciais e outros cosméticos. Alternativas: carragena, algas (algina, ágar-ágar, kelp), dextrina, goma de algodão, gel de sílica.
- **Glicerina, Glicerol (Glycerine, Glycerol)** – Substância líquida, incolor e xaroposa, que é o princípio doce dos óleos e a base dos corpos gordos conhecidos. Geralmente é produzida a partir da gordura animal. Alternativas: glicerina vegetal e sintética.
- **Goma Laca (Shellac. Resinous Glaze)** – Excreção resinosa de determinados insetos. Utilizada em laquês para cabelo. Alternativa: cera de plantas.
- **Lactose (Lactose)** – Açúcar do leite dos mamíferos. Alternativa: açúcar do leite de plantas.
- **Lanolina e Crodalan LA (Álcool de Lanolina Acetilado)** – O Crodalan LA é um derivado de Lanolina e consequentemente de graxa de lã, que é a matéria-prima principal para a fabricação da Lanolina. Essa graxa de lã é um resíduo obtido na lavagem da lã do carneiro, onde a lã é

direcionada aos lanifícios e o subproduto (graxa) é utilizado na produção de Lanolina. "Para aumentar o lucro, cientistas têm criado espécies de ovelhas que têm lã em demasia. Isso faz com que muitas ovelhas morram de calor no verão, enquanto outras morrem de frio no inverno depois de terem sua lã extraída."[13]

- **Pó de Seda (Silk Powder)** – Seda é a fibra brilhante feita pelo bicho-da-seda para formar seu casulo. Os bichos são fervidos em seus casulos para retirar a seda. Pó de seda é obtido da secreção do bicho-da-seda. É usado como corante em pós faciais, sabonetes etc. Pode causar severa reação alérgica na pele e reações sistemáticas (por inalação ou ingestão).
- **Progesterona (Progesterone)** – Hormônio utilizado em cremes antirrugas. Alternativa: sintético.
- **Queratina (Keratin)** – Proteína insolúvel, principal constituinte da epiderme, unhas, pelos, tecidos córneos e esmalte dos dentes. Pode ser obtida de chifres, cascos, penas e pelos de vários animais. Utilizada em condicionadores de cabelo, xampus, soluções para permanente. Alternativas: óleo de amêndoas, proteína de soja, óleo de amla (do fruto de uma árvore indiana), cabelo humano proveniente de salões (que iriam para o lixo). Alecrim e urtiga dão corpo e força aos cabelos.
- **Tirosina (Tyrosine)** – Aminoácido hidrolisado da caseína. Utilizado em cremes.
- **Ureia, Carbamida (Urea. Carbamide)** – Excretada da urina e outros fluídos corpóreos. Usada em desodorantes, pastas de dentes com amônia, enxaguantes bucais, tinturas para cabelos, cremes para mãos, loções, xampus etc. Derivados: Ácido Úrico. Alternativa: sintéticos. (fonte: http://veganbr.wordpress.com).

Voltarei ao assunto. Ele não se esgota tão facilmente.

13. http://veganbr.wordpress.com, id.

CAPÍTULO XXXV

O cachorro mais triste do mundo

Ia um cachorro muito triste. Muito triste. Eu passei de carro por ele. Era um pastor alemão preto, pelo menos um de seus ancestrais recentes era um pastor. Mas ele estava muto triste, triste demais. Ele andava em direção contrária a mim, eu vinha da BR-116. Será que ele ia se matar?

Não consigo deixar de pensar nele. Se eu fosse dono de mim, era pra convidá-lo a entrar no carro, sumir com ele, conversar, fazer carinhos, a gente ia se entender. Eu não fiz nada disso, estou preso a minhas contingências e arrasto minhas possibilidades pela rua. Nem sei se um dia poderei, nunca sei qual verbo vou conjugar.

Ele estava triste.

Fico pensando: quanto ele já procurou seu dono? Sim, porque ali, onde eu o vi, muitos cães são abandonados. É assim: a "pessoa" tem um cachorro e um belo dia não o quer mais por perto. Aí resolve abandoná-lo e abandona: põe no carro e o traz por aqui, abre a porta e adeus totó, é só.

Já vi coisas. Outro dia, havia um poodle abandonado mas amarrado em uma dessas placas de sinalização da BR. Vi uma mulher dando comida. Ela me disse que ali é o que há, gente que abandona desse jeito e que mais adiante havia um outro, também amarrado.

Assim: o "indivíduo" cria um cachorro durante anos e depois resolve abandoná-lo. Está amarrando o cachorro na placa para que ele não vá à BR e não morra. Abandona amarrado. E o cachorro, acho, fica na esperança, na espera, imaginando que o seu amor vai voltar, que vai dar água, comida, que não vai faltar. E guarda o território.

Ia um cachorro muito triste. Triste demais. Esse não tinha território, não tinha nada. Não era cachorro de revolta, não era cachorro de nada. Todo seu pelo estava cabisbaixo, todo o seu corpo estava para baixo, derribado. Ele caminhava vagarosamente, triste, na direção da BR. Esteve te procurando muito. Estava cansado. Dava para ver que estava cansado. Mas caminhava, triste, muito. Na direção da BR.

Não sei se falei quantos corpos – corpos? – ensanguentados eu vi na BR. Postas de sangue. Cães.

Ia um cão muito triste. Mas triste. Andava vagarosamente, olhando para o chão tão perto, não me olhou, nem deu conta do meu carro. Era um pastor alemão, preto, ou pelo menos parecia, mas estava cansado de te buscar. Ia na direção da BR, tão perigosa. Mas ia muito, muito triste, o cachorro mais triste do mundo.

E eu estou aqui, com essa história pra contar. Não parei, não interrompi minha jornada, eu que sou sempre de passagem, com pressa de chegar lá.

CAPÍTULO XXXVI

Contraponto

Hoje eu parei. Quando vi, já estava parado, foi puro reflexo. Parecia que *ele* estava esperando por mim.

Carrego sempre em meu carro um saco de ração para cães. Há tantos procurando comida, fuçando lixo, que minhas provisões precisam sempre ser suplementadas. E paro para oferecer comida a essa turma, pois é uma facilitação ao dia a dia deles que me custa pouco e aconselho a todos. É, não nego, uma atividade egoística, porque faz um bem danado, a gente se sente lavado por dentro.

Hoje, entretanto, antes de sair do carro, aquelezinho se aproximou. Parecia um poodle, como o Frederico, o herói da minha gente, parecia ser branco, mas a sujeira, mas o aspecto...

Abri a porta do carro e ele permaneceu parado, a menos de 1 metro, olhando com aqueles olhos – sabe aqueles olhos? – que têm os cães. Chamei-o, ele veio até meu pé, olhando.

Quando dei por mim, arrancara com o carro. O cheiro estava insuportável. Ele vomitara fezes assim que o carro começou a andar. Isso mesmo, dentro do carro. Eu o peguei, agarrei, nem vi como, me sujei, abracei, e o pus no chão do carro, do lado do passageiro: fezes, sua última refeição.

As ações irrefletidas podem ter finais felizes, como nos românticos? Sei lá! Só sei que estava desesperado, o horário de trabalho irremediavelmente perdido, eu e a irresponsabilidade agarradinhos um ao outro, sem saber onde é que ia dar tamanha comoção.

Sim, porque foi aos prantos que cheguei à oficina do meu genro, pedindo ajuda para tirar e limpar o tapete de borracha do carro (é que ele e eu somos muito diferentes mas em coisas de animais somos gêmeos quase idênticos). Quem estava lá? Hã? Por acaso, muito por acaso, quem estava lá? Quem estava lá?

Sim, minha mulher. Ela se aproximou, intrigada, o que estaria eu fazendo ali, naquele horário, alunos esperando, eu chorando, por favor não diga nada, fique em silêncio. Acho que fui peremptório porque se muda se aproximou, muda ficou, eu ao leme. Fui.

Na Danielle, pedi que lhe desse um banho, fizesse uma tosa completa, aplicasse todas as vacinas, que visse um precinho, enfim... Livre do cachorrinho, demandei as atividades que restavam, eu que ia viajar dia seguinte. As coisas estavam ficando difíceis. Como é que eu ia fazer? Levá-lo para casa, com o possessivo do Frederico, nem pensar. A última experiência deixara-o doente.

Quando voltei, a Danny pediu-me que o segurasse, para aplicar as vacinas e o fiz, abraçando-o sobre o balcão, velhos amigos. Ao preencher a carteirinha de vacinação, ela me perguntou como o chamaria. Com a cabeça nas vacinas, Saluto, disse, ele se chama Saluto.

— Posso deixá-lo aqui por uns três dias enquanto viajo, Danny?

— Não há como, infelizmente.

— Conhece algum hotelzinho?

— Olha, o único que conheço fica no Morumbi.

Parei o carro, Saluto a meu lado, abracei-o e entrei resoluto, perguntaram-me se era vacinado, que sim, registro feito, R$ 60,00 a diária, lá fui eu, deixando o Saluto hospedado.

Fiquei fora por 5 dias.

Como estava sem dinheiro, pedi ajuda pela internet. Se alguém o adotaria? Estava limpinho, banhinho tomado, perfumado, caminha, roupinha. Pedi e dar-se-vos-á? Batei e abrir-se-vos-á?

Uma amiga (onde andará você agora, querida Cacau, sempre lembrada, só não digo teu nome porque não consigo te encontrar para que me autorizes – fico no apelido) se manifestou no Orkut:

— Afaste-se do cachorrinho, Roberto, não queira sofrer mais, deixe tudo por minha conta. Eu pagarei o hotel, tenho um *netbook* para sortear. Assim, não custará nada, nem para mim, nem para você.

Acho que ela mentiu mesmo.

Saluto encontrou quem o quisesse e hoje vive dentro de uma casa, onde dá as cartas, do sofá, onde se esparrama. Mas não fui levá-lo, não quis vê-lo. Basta, para mim, o episódio do Nino, que rachou meu coração quando o entreguei à família que o adotou e me lançou o olhar mais amoroso e desesperado que eu jamais vira pra dizer adeus.

Acompanho à distância. Sei que são felizes. Não visito, porque o Nino e eu passamos muito mal quando fiz isso, eu nada sabia sobre a paixão que eles sentem por quem os resgata.

Saluto e Nino são duas lembranças de finais felizes, são vagas abertas no peito e no cotidiano para novos encontros, novas oportunidades, à espera de outros salutos e outros ninos. Sobre a Sol nada digo. Fico devendo.

Mas não vou terminar este capítulo sem deixar uma receitinha. Coisa boa.

Particularmente, gosto muito de um ***Cozido de garvanzo*** (também garbanzo), ou grão-de bico, uma receita que adaptei da Edilma.

Coloco 250 g de grão-de-bico para cozinhar por 40 minutos em panela de pressão e reservo. Faço um refogado com 2 colheres (sopa) de azeite, 50 g de tofu defumado cortado em fatias finíssimas, 1 cebola picadinha, 4 dentes de alho (sempre a gosto; se não quiser, não use) e 1 tomate débora (o mais comum de todos os tomates) picado, sem sementes. Mexo e mexo e mexo. Misturo o refogado ao grão-de-bico e corrijo o sal, adicionando 1 colher (sopa) de molho de tomate (pode ser desses prontos), 1/2 colher (sopa) de açúcar demerara e 1/4 de colher (sopa) de mostarda. Quando quero, acrescento azeitonas pretas, pedacinhos de cenoura e batata, mas isso é só capricho pessoal. Quando o cozido está com o caldo razoavelmente grosso, no ponto "gostoso", se me entende, acrescento 1 embalagem de creme de leite de soja e cheiro-verde picado. Mexo o suficiente e como com arroz e batatinha palha. Bom demais!

CAPÍTULO XXXVII

Gostou do passeio, Frederico?

– quando a primeira parte vem depois da segunda –

Segunda parte

Diz que tem gente que conversa com seus cães de estimação e os chama até de *meu filho*. A cena é coisa doida: “E aí, gostou do passeio, querida”, pergunta a dona à poodle, que continua andando, reta, impassível, puxando a mulher para a saída da *pet shop* gigantesca (não, não vou dizer o nome).

Eu não faço isso. Não converso com o Frederico. Acho é pouco. Troco ideias, peço conselhos, esporadicamente, é verdade, mas antes de tudo, sempre, estou pronto para obedecer. O que ele quiser, terá.

Um amigo, desses que existem e a gente não cultiva de besta, afirmou que eu não me relaciono com o Frederico, mas com todos os cães que tive e a quem fiquei devendo alguma coisa. Parece que é verdade. Como devo!

Tive alguns, tratados como cães de estimação, com nome e reações, mas cães. E isso me dói. Nem sei dizer. O primeiro vi morrer de câncer, lentamente, sem pensar na eutanásia que hoje eu praticaria, segurando a pata dele, devolvendo um pouco da lealdade que ele me deu por toda a sua vida, seus longos 19 ou 21 anos. Mas não! Em nome dos princípios do meu pai, que assumi, ele deveria curtir o que veio pra cá para curtir, seus sofrimentos devidos, e o deixei morrer lentamente, sem sequer pensar no que poderia fazer para aliviar aquilo que deveria ser horrível. Morreu depois de muito tempo sem água, sem comida, sem afagos, porque meu pai tinha medo de que ele me atacasse e tal.

Os anos se passaram, muitos, e fui tutor de outro. Dei-lhe o mesmo nome. Era pequeno, um pequinês, companheiro sempre, canino, apegado. Viajando, deixei-o aos cuidados de gente de confiança. Soube depois que morreu atropelado por um caminhão, antes que eu pudesse recuperá-lo para a minha companhia. Só agora, muitos anos decorridos, ouvi a versão nova, que ele ficava para fora de casa não sabe?, que ele não entrava, não sabe?, que depois fiquei sabendo que ele andava lá pelo cais, não sabe?, que nem sei por que motivo não fui buscá-lo, não sabe? Sim, eu sei que ele era teu, mas não sei, não lembro o que foi que aconteceu, não sabe?

E faço o quê? Posso, sem armas, revoltar-me, Carlos? Continuo de branco pela rua cinzenta e vou até a náusea. Pobres dois, o primeiro morreu canceroso, tumor exposto e abandonado. O segundo viveu o que lhe restou viver pensando ter sido abandonado. E eu com minhas novas obrigações, novos afazeres, novas ideias e tentativas.

Depois disso, foi o presente de grego da Idelvita, um cavalo de troia, capa preta, collie, macho, enormenormenorme. Foi logo posto para fora de casa, nem por mim, que só aceitei, omisso, mas era tão comportado, tão educado, tão-tão. Mas fora de casa. Um *lassie* macho educadíssimo, mas babava, baba que não acabava mais. E era amigo, passeava, meigo, doce. Encheu-se de carrapatos, milhões, não havia remédio, só pra berne nos bois, podia matar, essas coisas, diziam. Foi literalmente sugado pelos parasitas e ao voltar de uma viagem fiquei sabendo que o lixeiro o havia levado, quando morreu. Naturalmente esperando por mim, por nós, como os outros dois, esperando embalde que eu percebesse que tinha a meu lado um amigo mais amigo que os amigos, um companheiro para o que desse e viesse, que com fome não gemeria, com dores não se manifestaria, silencioso parceiro para qualquer noite mal dormida, qualquer dia sofrido, silencioso e permanente, olhos fixos só em mim, que só a mim bastava ver.

Nós o ouvimos claramente na volta da viagem. Betania chegou a procurá-lo sob o carro, esquecida de que ali ele não caberia, de tão grande. Fomos, então, na trilha de seu ganido, atrás da casa. Não estava. Chamei por ele. Ouvi da Toninha a confirmação das minhas intuições: "Ele morreu".

Claro que em todos os casos eu estive quase inocente, dolo não houve, de tão ignorante e omisso que eu era. Claro que consigo enxugar meus olhos diminuindo essa culpa na minha insensibilidade burra. Eu não sabia o que sei agora e nem sequer posso compreender como é que os dias se passavam assim, eu ao leme e nada feito.

Um outro foi menina, uma vira, She-Ra (lembra da Princesa do Poder?); repetiu o primeiro, mas não tinha a categoria do quase bassê. Era algo de pastor, algo bege, algo boxer, mas ela, mignon-médio. Duas gravidezes psicológicas, uma parida, sabe-se lá quem foi o pai, creio que três filhotes, deve ter comido dois, um ficou, morreu, a vizinha fala, nem ela viu, a gente aceita, tanta omissão. Foi fujona, bastou isso. Até que nos mudamos, precisava de um lugar onde as crianças pudessem ficar em segurança, um condomínio de apartamentos com jardins, espaçoso. Mas lá não se admitiam cães, não se sabia ainda da ação dos protetores, a gente se submeteu ao síndico e ele à decisão da assembleia idiota. Eu não fui o amigo, mais uma vez, mas teve diferença: a casa em que morávamos ficou reservada e alugada ainda por três meses só pra ela, embora – que paradoxo imbecil, agora me ocorre! – ela ficasse só no quintal da frente, poucos metros quadrados reservados para que ela achasse que estava tomando conta da casa vazia, enquanto nós fazíamos consultas e mais consultas para descobrir um jeito mais hipócrita de abandoná-la, e afinal a entregamos. Foi para outra cidade e então fugiu, disse-me a nova guardiã, a velha guardiã que me contou a história mentirosa do caminhão que atropelou o outro. Fugiu e nunca mais apareceu. Outra versão? Há tantas. Que tal: abriram-lhe o portão para nunca mais. Levaram-na para longe e nunca mais. Como acreditar?

Hoje vejo os cães cheirando os postes e andando, andando, andando, cheirando, me procurando. Isso me persegue. Vejo-os com sarna, com coleiras arrebentadas, amarrados a postes, velhos e abandonados. Quando olho os cães de rua me apercebo de que são sempre outros, nunca são os mesmos. E as pessoas continuam fazendo com que desçam dos carros enquanto aceleram e se livram deles, e os deixam para sempre condenados a buscar seus amores, cheirando, cheirando, cheirando, procurando, procurando. Vejo-os, às vezes, caminhando soterrados, a cabeça muito baixa, uma tristeza de se pegar, em direção à BR. Eles se matam às vezes, disse-me alguém. Talvez. São tantos os corpos dilacerados. Tu te tornas eternamente responsável por aqueles a quem cativas, disse a raposa ao *petit prince*, ou algo parecido, o sentido é esse. E a cabeça vai vergando com tantas lembranças daqueles a quem não salvo, às vezes nem um gesto, porque estou a caminho das minhas obrigações cotidianas.

Não sei o que é isso, meu filho, mas o que você quiser você terá. Um banho na *pet shop* nova (tão gostoso que é ir para o colo dessa gente que traz no corpo o cheiro de tantos cachorrinhos)? Ossinho? Um *bilu* novinho pra brincar? Roupinha? Tosa? Chamego? Festinha? Com quem quer dormir hoje? Você me perdoa por ontem, por antes de ontem? Eu não sabia, mas sou sempre grato por ter você, de novo, perto de mim. Agora que aprendi, agora que acordei, saiba que jamais te abandonarei novamente. Tenho essa esperança de que você seja você de novo pra que eu possa piegas levá-lo pra algum lugar e perguntar se gostou do passeio. Enquanto você caminha à frente na confiança, cheio de si, se achando.

Primeira parte

Frederico chegou a casa em um momento muito especial. Minha mulher não queria bichos no apartamento, justo ela que me convencera a aceitar o Sasha, gatinho-presente do Maurício, nosso amigo, para a minha filha. Com ele morto, numa queda de quinze andares, o substituto Bola não encontrou o tom certo no diapasão dos afetos e acabou se perdendo na Praia Grande, onde nascera. As pessoas parece entrarem em situações limite quando perdem esses companheiros tão amorosos.

Não adiantara argumentar que os mascotes isso, que aquilo, que prolongavam a vida das pessoas, que o índice de infartos diminuía etc. Irredutível, bichos *no pasarán*. Mas a astúcia da filhota, a mesma que ganhara o Sasha, falou mais alto: que havia um cachorrinho em gaiola no *pet*, que acabaria sacrificado, que passara do período da validade...

— Bem, assim também não. Pode trazer o cachorro, mas quem vai cuidar dele serão vocês, que isso, que aquilo e que tudo o mais, e pronto.

Alguns poucos dias depois:

— Pai, estou com uma coisa peluda no meu colo. Ele é lindo, vem logo pra casa.

Reunidas, a Amanda e a Bethaninha começaram a testar nomes para o peludo. O desfile foi de Bob, Rex e Branquinho a Jorge, Antônio e Austin. Nada! Quando, já no desespero, soou Frederico, o garotinho de três meses levantou a cabeça, arregalou os olhos, abriu as orelhas e se encontrou. Ficou sendo.

Depois, de Frederico a Derico, Dido, Filho, Didi, Di e, mais tarde, Dedeítchone, pela Luana, que aprendia a falar, todos os apelidos valeram.

A dona da casa, entretanto, observava severa o comportamento das filhas e do marido. Era um corre-corre para impedir o inevitável e, certa vez, eu mesmo me indignei com o "peludo".

Eu já recebera um alerta da Sandra:

— Poodle é complicado – disse-me sorrindo, muito complicado, negando-se a maiores informações. Assustei-me um pouco, pois já sabia que a raça era a dona da chatice, que vivia latindo pra todo mundo, enfim...

Ao chegar a casa, encontrei tudo revirado. O colchão estava em pé, apoiado na parede, minhas filhas desinfetavam o universo (que acontecerá depois, eu não sei, mas neste momento estou revelando um segredinho guardado há anos e a sete chaves), e não me encaravam.

— Que acontece? – perguntei, já aflito.

— Nada, pai, está tudo sob controle. Só estamos dando uma limpada geral.

Hum! Limpada geral, é? Me engana que eu gosto. Que história! Insisti que aquilo não era comum, que estava estranho. Depois de mil promessas que tive que fazer, que não ia ligar, que a mamãe não podia saber, que isso, que aquilo, a revelação:

— O Frederico fez cocô na cama de vocês. Do seu lado.

Hecatombe mental. Fora traído pelo cachorrinho, senti-me mal, muito mal, as palavras da Sandra ressoavam: *Muito complicado, muito complicado*. Então era isso, um desaforo, um desaforado. Essa sensação demorou pra passar, mas os dias passavam.

Minha mulher não se referia ao Frederico. Era... o cachorro. *Sai daqui, cachorro! Vai pra lá, cachorro!* Aos poucos: *Sai daqui, cachorrinho! Chorrinho!*

Sim, ele ganhou as batalhas e a guerra.

O tal cocô era um recado pra mim, óbvio, mas minha ignorância jamais compreendeu, até hoje não sei. As palavras da minha amiga foram se tornando menos audíveis, até desaparecerem por completo.

Frederico I tornou-se o dono da casa. O rei.

Escolhia com quem queria dormir, escolhia a cama e dava-se (até hoje faz isso) ao luxo de mudar de cama durante a noite. Esganiçado, saúda enlouquecido a chegada de cada um de nós, como se os quatro Beatles, redivivos, novamente unidos, estivessem descendo a rampa de nosso quintal. Uma loucura.

Acostumamo-nos a suas crises histéricas de ciúme. Qualquer um de nós que se aproxime de algum outro de nós recebe uma fera enlouquecida ameaçando matar, estraçalhar, lamber, lamber, finalmente lamber muito. Ele ainda morre disso, é um desespero, é uma gracinha. Um poodle chato, como todos os outros, e louco, completamente louco.

E foi assim que aconteceu.

Poucos dias depois de eu assistir ao DVD *A Carne é Fraca*, que o Alex pôs pra rodar naquela noite a que me referi lá atrás, pisei, inadvertidamente, no pezinho do pequeno.

Seu grito lancinante me atordoou. Frederico avançou e pôs-se a lamber-me. "Que coisa", pensei ainda, "ao invés de me morder, que era o que eu merecia por pisar doído em sua patinha, ele me lambe." Peguei-o no colo, um dó maior que o mundo, aconcheguei-o e senti, pela primeira vez eu senti aquilo que o Piloto (os Pilotos), a She-Ra e o Astor não conseguiram me revelar, enfim, aquilo que não sentira jamais nos cachorros dos quais fora tutor e dos quais cuidara, pois eram *de fora*. Frederico era o primeiro *de dentro*, eu o compreendia mais do que compreendera aos outros. Senti seu coração. Seu coração batia loucamente, forte e rápido, enquanto me lambia, desesperado.

Não fiquei nisso. Coloquei meu ouvido sobre seu peito, ouvi seu tamborzinho assustado e o olhei como nunca antes tinha feito. Olhei seus olhos, que me fitavam, seu focinho; abri suas bochechas, vi seus lábios, seus dentes, sua língua, a cor rósea de sua língua, de seu palato. Aproximei meu rosto do dele, senti sua respiração, aquele ar que expirava. Sorvi-o. Não contei tudo. Minha amiga Vera havia me provocado: "Mas se você tiver um cão dentro de casa, vai acabar respirando o ar que ele já respirou". "Quanta honra", respondi-lhe. "Será sem dúvida o ser mais puro da minha casa." Agora, ao inspirar o ar que ele expirava, eu o fiz propositalmente. Nada. Nada de especial. Nenhum odor, nada desagradável, nada agradável. Ar.

Olhei-o melhor. Tinha pelos por todo o corpo, eu também. Tinhas olhos, nariz e boca, eu também. Tinha um pênis, eu também, sentira dor como eu sentia, mas reagiu de forma diferente: tentou agradar-me com lambidas, desesperado, não compreendendo nada do que acontecera. Parecia-se comigo mas, do meu ponto de vista, era até melhor que eu. Não me mordera, não me devolvera com dor, a dor que efetivamente sentira. Compreendi, naquela epifania, que ele era um companheiro, não um cachorro, mas um parceiro, e que havia no mundo tantas parcerias quantas eram as espécies. A transformação se completava. Isso vale uma receitinha, que o Di adora: ***Bolinho de abóbora japonesa.***

Uso 1 kg de abóbora japonesa, 2 colheres (sopa) de caldo de legumes, 2 espigas de milho verde cozido, devidamente ralado, 2 colheres (sopa) de farinha de trigo. Óleo para fritar e sal (sempre a gosto).

Descasco a abóbora e cozinho até que ela fique macia, a ponto de passar bem no espremedor de batatas. Então, misturo tudo em uma panela com uma colher de pau. Faço os croquetes, com farinha na mão para que não grudem, e frito em óleo bem quente.

Bem, já é tempo de dar a receita do ***Caldo de legumes***, que tanto uso nas mais diversas receitas. Vamos lá:

Dou uma refogadinha muito ligeira em alho e cebola, o suficiente para que a cebola ganhe uma certa transparência. Quer quantidades? Uso 3 dentes de alho e 1/2 cebola para isso. Coloco, então, 2 litros de água filtrada, pedaços de cenoura, 1 cebola cravejada (cebola inteira com cravos espetados), 1 pedaço de erva-doce (talo), 1 pedaço de aipo (salsão), 1 tomate e o que mais de legumes haja na geladeira. Umas folhas de repolho vão muito bem.

Cozinho muito (que os meus amigos crudívoros não fiquem muito bravos com esse desperdício de nutrientes), deixo reduzir, coo e congelo em pequenas porções, para os mais diversos usos.

CAPÍTULO XXXVIII

O DVD do Alex

O DVD que o Alex colocou pra rodar foi *A Carne é Fraca*, do Instituto Nina Rosa (www.institutoninarosa.org), famoso, mas que eu não conhecia. O pessoal foi se ajeitando, sentando-se no chão, o Alex não parava de falar, nem os outros, eu prestando atenção.

Aos poucos, as coisas foram sendo ditas.

Na primeira parte do vídeo, há um discurso sobre as consequências do consumo da carne, a criação industrial, a fome no planeta, o plantio de soja para a alimentação do gado europeu, a devastação das florestas, enfim, enfim. A segunda parte fala do manejo dos animais.

Foi aí que me levantei, pedi desculpas a todos, que no dia seguinte precisaria entrar muito cedo, menti. Pedi ao Alex que me arranjasse uma cópia, fiz com que ele prometesse, desci as escadas tropegamente, entrei no carro e apoiei a cabeça no volante do carro, enquanto jurava que nunca mais comeria carne. A ficha caía e fazia um barulho tremendo.

Só três meses depois tomei coragem para assistir ao documentário inteiro e, em seguida, convencido de que todos tinham o direito de saber das coisas que agora eu realmente sabia, mostrei-o para todos os alunos, de todas as classes, de todos os turnos, somente perguntando se eles quereriam assistir, já que eu havia concluído o programa conteudístico. Foi um auê.

Não fui demitido, embora o carnivorismo tenha ficado com os pelos ouriçados contra mim, e tenha me detratado, difamado, caluniado. Enquanto isso, eu me sentia o próprio paladino (cada coisa!). Era também o início da militância.

Acho que cabe uma receitinha básica, não? Que tal ***Hambúrgueres***?

Uso PVT escura,[14] que preparo previamente, conforme a receita que coloco aqui. Tempero com muito alho, cebola ralada, dou liga com farinha de trigo e sofistico com grão-de-bico, ou com feijões (receita do Alexandre, que a trouxe de Londres), ou com milho verde ou... ou. Ervilhas também são uma boa pedida. Em seguida, dou o formato (após a farinha liberar o glúten, o que demora uns 20 minutos) e grelho ou frito ou asso.

Para comer, pão de hambúrguer (feito em casa) ou bem escolhido, vegano – existe sim! – (vejo sempre a lista de ingredientes utilizados), alface, tomate, rodelinhas de pepino, tirinhas de tofu defumado, fatias finas de glutadela e creme de maionese de soja. Mas vai bem como prato principal, guarnecido com arroz e feijão, salada crua ou qualquer outro acompanhamento. Experimente fazer como eu faço: uso quinoa em flocos na massa, além de um pouco de farinha de aveia, no lugar da farinha de trigo.

14. A PVT - proteína vegetal texturizada - ou PTS - proteína texturizada de soja - pode ser clara ou escura, conforme o gosto. A clara pode ser escurecida com um pouquinho de shoyu, se não encontrar a escura já pronta. O sabor e as características são idênticos, só o aspecto varia. Pode ser ralada, em pedacinhos pequenos, médios e maiores (não me atrevo a dizer grandes), em tirinhas, em bifes e até moída.

CAPÍTULO XXXIX

"Comidas vegetarianas horríveis"

Quando me ponho a escrever, percebo que o mundo se abre e leio-o, por inteiro, do meu jeito, na folha de papel.

Posso fazer aquilo que quiser, porque tudo ainda está em branco. Posso começar o texto formalmente, posso simplesmente entrar com um "Véi, na boa...", e posso colocar que é verdadeiro o fato que nunca foi nem nunca será. Posso tudo. Sou deus. Mas não consigo ser deus das coisas, só das palavras, e essas nem sempre me satisfazem nem consolam. O mundo das coisas dói porque é material, e é aí que eu encontro minhas identidades quase todas. Ainda que multiplicadas, ainda que reproduzidas, e desvalorizadas, como anotava o Walter Benjamin, fracionadas milhares de vezes.

Fui a Campo Grande. Grande reencontro com a primaiada de sangue, um deles doente, e muito. Luísa, Alemão, Cláudio, Joãozinho, Ivone (só dessa vez fico sabendo que aquele afastamento tão difícil da prima querida foi por ciúme do namorado, atual marido – sofri pra cacete – gente tão estúpida!), nenhum tio mais, todos mortos.

Para um reencontro desses, só festa. E tome cerveja, e tome... churrasco.

Expliquei. "Estou em outra, faço mais não, tô noutra, mano – é isso!"

Ouvi, como sempre, as mesmas coisas: "Também não como quase nada. Carne, mesmo, nunca faço questão. Às vezes até esqueço. Só lembro quando começo a sentir necessidade de proteína animal, sabe? Aí eu como, por precisão, pra não ter anemia". Sei.

Pra não fazer desfeita, nunca poderia, fui ao festim, beber poderia, não sou santo, mas não sem antes ter preparado algumas coisinhas, nem lembro mais, tantas são. Mas ouvi, de novo, dos assumidinhos, as mesmíssimas expressões de repugnância, tipo "credo, não gosto disso não, não suporto soja, como assim não é soja?" Essas coisas. E – claro! – ouvi o espanto vivo: "Você vem ao Mato Grosso e não come carne? Nem peixe? Aqui só se come carne".

Nesse tempo, era, ainda, ovolacto. Descobri coisas interessantíssimas, pratos típicos maravilhosos, como a torta de milho e queijo que os sertanistas levavam para a subsistência, fácil de carregar, nutrição completa. Nem lembro mais o nome. É coisa parece que de origem paraguaia (muita coisa por lá é paraguaia), vendida em qualquer boteco, presente em todas as mesas de todos os hotéis. Como era o nome daquilo, meu Deus? Vou ao Google. Simples: sopa paraguaia. Sopa? Sim, mas de sopa não tem nada. É uma torta de corte.

Enfim, onde é que eu estava mesmo?

No churrasco. Comi a tal saladinha, mais alguma coisa que eu fiz.

Saímos, fomos ao mercado. Gosto de ir a mercados quando estou em terras exóticas, e o Mato Grosso é exótico para mim. Gosto do desconhecido.

Por toda parte, no caminho, banquinhas de frutas amarelas. Índias e índios vendendo frutas amarelas, todo o tempo, por todos os lugares, praças, avenidas, bancas com frutas amarelas.

— Que é aquilo? – perguntei à Luísa.

— Pequi.

Muito usado nos mais diversos pratos, pequi é um sabor que me fazia falta e eu nem sabia. Duas opções me foram dadas: bicho com pequi (nem vou aqui dizer o nome) e arroz com pequi. Fiquei com o segundo, não descansei até comer. A advertência: cuidado, isso tem uns espinhos terríveis no miolo (na verdade, dentro do caroço) e tem gente que vai pro hospital com esses espinhos.

Comi apavorado, buscando pelo arroz se alguns espinhos não teriam se perdido, traiçoeiros, esperando o novato. Besteira. Só se você quebrar o caroço, duro como qualquer caroço, encontra os espinhos. O verdadeiro lance dessa partida é ir raspando o caroço com os dentes, inteirinho na boca, depois que se o tira do arroz, se ele tiver sido usado inteiro. Há quem o prepare em lascas, já sem o caroço, como quando se descasca uma laranja.

Trouxe na bagagem pequi, sopa paraguaia, receitas e saudade. O primo doente morreu com aquele câncer, outro morreu, o Alemão, e nem fiquei sabendo (acho que fui deserdado dos primos) e só muito depois ouvi, pelo telefone, da mesma pessoa que tinha dito "Também não como quase nada. Carne, mesmo, nunca faço questão. Às vezes até esqueço...", a Luísa:

— Vê se vem de novo, Beto, mas não vai fazer novamente aquelas comidas vegetarianas horríveis, tá?

Tá!

Qual a receita vegetariana horrível a que a Luíza se referiu? Nem sei, o preconceito é tanto. Desde que a Érika comeu um pouco de salada de grão-de-bico (que não conhecia) e me disse que a tal da comida vegetariana até que era boa, deixei de me preocupar com os comentários dessa gente doida.

Vale, então, uma provocação. Vou preparar comida viva: ***Macarrão de abobrinhas cruas ao molho igualmente cru.***

Ralo as abobrinhas italianas no sentido longitudinal, formando macarrões (nas casas de produtos orientais há excelentes raladores para isso, pois esse tipo de alimento ralado é muito comum nessa culinária).

Está pronto o macarrão. Você vai ter uma enorme surpresa ao descobrir que a abobrinha crua tem um sabor semelhante ao da pera.

Aí, preparo um molho. Que também será cru.

Uso tomate maduro, sem as sementes, raspas de coco verde (sabe aquele que se joga fora após beber a água?, então, há um coco maravilhoso e macio no seu interior), tomates secos hidratados, alho e sal a gosto, um pedaço pequeno de pimentão vermelho. Bato bem no liquidificador. Não acrescento água. Está pronto.

É nesse momento que a mágica se faz: coloco o macarrão de abobrinha no prato e cubro com o molho. Mas não dá pra dizer nada sobre isso. Melhor é experimentá-lo que julgá-lo, já dizia Camões.

O próximo capítulo é mais um daqueles que pode ser garbosamente pulado, mas não aconselho. É que ali revelo outras armadilhas. Novamente, é você quem decide. Sua vez.

E tome receitinhas, porque vale a pena, são gostosas, não matam, só nutrem: ***Cebolas crocantes com toque pecaminoso de gula.*** Retiro a casca (só a superficial) de cebolas grandes (quantas forem necessárias) e as divido em 4 partes, do alto para a raiz, com uma faca finíssima, sem permitir que elas se partam (paro o corte a aproximadamente 1,5 cm da raiz, para que isso não ocorra). Repito a providência mais 3 vezes, até chegar a 16 partes de pétalas de cebola (sempre com muito cuidado para que não se desmanchem).

Coloco as cebolas em um recipiente e jogo água fervente sobre elas, até as pétalas começarem a se abrir. Em seguida, mergulho-as em água gelada e reservo, até que a flor da cebola se abra inteira. Escorro em uma peneira.

À parte, preparo o banho final.

Bato 1 colher (sopa) de lecitina de soja com 1 copo de leite de soja frio, 1 colher (chá) de farinha de trigo, acrescento sal, páprica e pimenta-do-reino moída na hora, os três últimos ingredientes sempre a gosto.

Polvilho farinha de trigo nas cebolas, passo-as no banho e empano com farinha de rosca, para fritar em óleo bem quente e servir em seguida, acompanhadas de um molho com 1/2 copo de maionese de soja feita em casa, 2 colheres (chá) de ketchup (faça você mesmo), 2 colheres (chá) de creme de raiz forte, 1/4 de colher (chá) de páprica, 1/4 de colher (chá) de sal, 1/8 de colher (chá) de orégano seco, 1 pitada de pimenta-do-reino, 1 pitada de pimenta vermelha em pó. Misturo todos os ingredientes numa vasilha pequena e o utilizo geladinho.

PC@Y

CAPÍTULO XL

Armadilhas – parte 2

Os veganos não utilizam nem consomem nada que provoque sofrimento ou morte de animais, aí compreendidos todos os seres que, de alguma forma, demonstram a consciência do ser e estar no mundo. Morreríamos (morreriam?) de fome se os vegetais também o fizessem. Ou talvez não. A luta diária, enfim, é lutar pela vida em geral, até porque os veganos alimentam-se de seres vivos, esses vegetais carregados de energia, e não de seres mortos.

Para o vegano, animais não existem *para* os humanos, assim como as diversas etnias não existem *para* o branco, ou outra qualquer, nem a mulher *para* o homem. Cada animal é dono de sua própria vida, tendo assim o direito de não ser tratado como propriedade, como enfeite, como diversão, comida, cobaia, mercadoria, como *coisa*. Propõem, dessa maneira, a analogia entre especismo, racismo, sexismo e outras formas de discriminação. Cães, cavalos e cobras são "animais não humanos". O termo "seres sencientes", seres que têm ciência de seu ser-estar no mundo, é preferível ao preconceituoso "irracionais".

Não aceitamos vivissecção (experiências realizadas em animais vivos, sob qualquer pretexto), desprezamos testes toxicológicos, em que cremes e poções várias vezes potencializados besuntam peles e couros de animais vivos, com horrendas consequências, presumindo com esses unguentos cobrir e reduzir nossas fealdades; não gostamos de jaulas, não aceitamos as gaiolas em que os passarinhos inocentes são trancafiados, sem terem feito nada, absolutamente nada para essa horrível condenação perpétua que sua beleza ou a beleza do seu canto ou lamento lhes rendeu. Os zoológicos precisam desaparecer, pois não fazem hoje sentido, assim como não faz sentido retirar os animais de seu habitat para submetê-los a nossa apreciação. Utilizem-se recursos multimídia, homessa!

É possível viver sem isso, é possível fazer com que a ciência se desenvolva sem recorrer a esses expedientes tão cruéis. Em nome do conhecimento, queimamos animais, estripamo-los, desfiguramo--los, até porque, principalmente, é mais barato o experimento macabro com animais vivos, depois descartados, do que com cadáveres de animais (de conservação custosa), manequins, modelos químicos e cálculos.

Os veganos, por conseguinte, querem sempre informações sobre tudo o que consomem. Tornam-se leitores de todos os rótulos, riscam de suas listas de compras produtos de empresas que têm tais práticas, evitam sabões, sabonetes e detergentes que utilizam cadáveres para a saponificação, trocam o mel pelo melado, em virtude das práticas adotadas por apicultores industriais no inverno, quando não querem assumir os custos de manutenção das colmeias.

Açúcar refinado é algo de que se foge. Sua clarificação, a hiperfiltragem, pode utilizar ossos moídos nos equipamentos, coisa que, às vezes, ocorre também em vinhos e vinagres. Só por Deus!

Veganos evitam cinemas, pois a película cinematográfica possui uma camada especial de gelatina, produto de origem animal. Por essa razão, preferem-se as câmaras digitais para filmes e fotografias. Rações, fertilizantes, espumantes de extintores, colas glicerinas... (no capítulo Armadilhas – parte 1 falo sobre isso), além de pincéis para a mais bela e inocente pintura, feitos à custa de crinas e rabos, como as plumas do mais animado carnaval, que são arrancadas de animais vivos ainda pingando sangue, para cobrir tanta infâmia e covardia, como um dia Castro Alves classificou o tráfico maldito.

Que tal um *emulsificante estearoil-2-lactil lactato de cálcio e polissorbato 80* na fórmula de um produto inocente que você planeja comprar?

Os alimentos industrializados possuem grandes quantidades de conservantes, realçadores de sabor, emulsificantes, corantes naturais e artificiais, acidulantes, flavorizantes. Esses ingredientes são os substitutos para o cominho, a pimenta-do-reino e o sal que os povos antigos (ainda hoje se faz isso) usavam para que os alimentos não se perdessem, pois não podiam contar com a refrigeração.

A origem dessas substâncias pode ser animal, e normalmente é. Veganos costumam não perder de vista essa possibilidade, embora a indústria de alimentos seja mestra na arte da dissimulação. Guerra é guerra, já disse antes e continuarei dizendo (nas próximas vezes nem me escusarei), e quanto mais escondido e secreto, melhor e maior o prazer de desmascarar. Vou dividir mais alguns com você, meu leitor – tão paciente! – porque pode ser que um dia isso seja de utilidade. Aliás, espero que seja, faço esmeradamente votos para que assim seja.

Os disfarces são inúmeros. Os principais têm letras e números, parecem senhas de acesso, dessas que empesteiam a vida nestes tempos de facilidades contestáveis. Outros aparecerão sob nomes quilométricos, em letras miudíssimas, pensadas *ad hoc*. Vamos lá?

Atrás de um E120, esconde-se a cochonilha. Lembra-se dela, leitor já desesperado? Cochonilhas ou pulgões, ácido carmínico, carmim e vermelho natural 4, corante natural, esses são os nomes para as dezenas de milhares de insetos que perfazem a linda cor vermelha dos doces de "morango" ou de "frutas vermelhas". Um misterioso E160a representa o Alpha caroteno, o Beta caroteno e o caroteno Gma, que tanto pode ser de origem vegetal quanto animal. Quer arriscar? O E161g representa Cantaxantina, corante de possível origem animal; E252 (nitrato de potássio ou salitre), conservante de possível origem animal; E270 (ácido lático conservante), antioxidante de possível origem animal; E322 (lecticina), emulsionante de possível origem animal; E325 (lactato de sódio), antioxidante de possível origem animal; E326 (lactato de potássio), antioxidante de possível origem animal; E422 (glicerol), emulsionante/adoçante de possível origem animal...

Como, leitor amigo? Ahã. Sei, entendi. Você prefere que eu seja mais peremptório, menos radical; são pudores demais, cuidados demais. Afinal, o meu amigo e paciencioso companheiro leitor não quer passar fome e prefere que eu denuncie apenas os ingredientes que têm origem animal mesmo, nada de "possível origem animal", não é? Tudo bem, agirei com essa generosidade, fazendo de conta que E430,

E431, E432, E433, E434, E435, E436, E442, E470a, E470b, E471, E472a, E472b, E472c, E472d, E472e, E472f, E473, e474, E475, E476, E477, E478, E479b, E481, E482, E483, E491, E492, E493, E494, E495, E570, E572, E585, E631, E635, E640 são os nomes de produtos inexistentes, e que existem "apenas" E120 (já coloquei no início), que é a cochonilha, E441 (apelido da gelatina), E471 (mono e diglicéridos de ácidos gordos), E966 (lactitol), E910 (L-cisteína) e E542 (fosfato de cálcio), que são os de origem animal mesmo, nada de "possível", nada de "talvez", aí é bicho morto com certeza.

A *Revista dos Vegetarianos* nº 7, do seu primeiro ano, publicou esses dados, que transcrevo aqui sem todos os detalhes que lá constam, para não cansar em demasia o leitor-amigo-paciencioso, que nestas páginas pode estar com outras demandas. Entretanto, se o incansável leitor-vegano-exigente-brigador, que também me lê, desejar obter essa lista de ingredientes (pesquisa de fôlego e importância que deve ter dado um *senhor* trabalho a Silvia Lakatos, que assina a matéria), meu conselho é que assine a revista, uma das nossas ágoras mais importantes, como forma de obter informação séria e de fortalecer o esforço desses parceiros nesta luta do terceiro milênio que atualmente apenas se esboça.

Se o leitor quiser pular o próximo capítulo, não vai saber como é pagar o preço por comer muita carne. Pode ser bom, pode não ser. Sua alma, sua palma.

Anote aí a receitinha, uma outra de ***Bife de seitan***: como disse, é outra receita, outra combinação. Uso 3 xícaras (chá) de farinha de glúten (pura), 1/2 xícara (chá) de farinha de trigo (integral ou comun); 3 1/2 xícaras (chá) de água. Em uma tigela grande peneiro o glúten e a farinha de trigo e misturo-os bem. Reservo. Em outra tigela, coloco água e vou misturando a farinha reservada, rapidamente, sem empedrar, formando uma bola de massa. Coloco a massa em uma fôrma pequena, para que ganhe um formato que me permita cortar em bifes depois. Deixo a massa descansando por umas 3 ou 4 horas, ou talvez por toda uma noite.

Depois disso, corto em fatias finas, pequenos bifes, e vou cozinhando em água fervendo, até que boiem. Retiro da água e coloco no molho, ainda quente, para absorver todos os sabores.

Vamos à receita do molho: uso shoyu (umas 2 ou 3 colheres (sopa) – acho o shoyu a melhor combinação para esses bifes). Ponho também um pouco de sal, 1 colher (sopa) de açúcar cristal orgânico (ou demerara), 1/2 colher (sopa) de extrato de tomate, um tico de glutamato monossódico[15](opcional, leia a nota no rodapé), 1 colher (sopa) de óleo e – isso é muito bom – um pouquinho de molho barbecue (que seja vegano; fique de olho nos ingredientes!). Dá perfeitamente para congelar e utilizar por todo um mês, se desejar. Fica muito bom.

15. O Glutamato Monossódico (MSG) é o sal sódico do ácido glutâmico, aminoácido presente em todas as proteínas animais e vegetais. Muito utilizado na indústria alimentícia, usado até como tempero de mesa, é produzido através de processos fermentativos de matérias-primas de origem natural como são o melaço da cana-de-açúcar, açúcar de beterraba ou do amido obtido da tapioca ou de cereais. Produz um gosto essencial que se conhece com o nome de *umami*, em japonês saboroso ou delicioso, correspondendo ao quinto gosto básico: doce, salgado, azedo, amargo e umami. Há controvérsias sobre as conveniências do seu uso. Fico no aguardo de mais pesquisas e não tomo partido.

CAPÍTULO XLI

Pagando o preço

Câncer intestinal e doenças cardiovasculares encontram-se no rol das diversas patologias que têm como base etiológica o abuso da alimentação carnívora. O intestino humano tem cumprimento extenso, não se mostrando aparelhado para consumo de tecido animal, com sua elevada produção de toxinas, especialmente das poliaminas derivadas da decomposição proteica.

"— Doutor, esse câncer, qual a causa dele?

— Difícil dizer, pode ser genético, pode ser pela alimentação...

— Bem, na minha família morre-se de infarto.

— E câncer?

— Não dá nem tempo. Normalmente, as pessoas infartam cedo, por assim dizer; minha mãe aos 52, meu irmão aos 43, meu pai aos 66, todos os meus tios e tias na faixa dos 50.

— Talvez, então, a alimentação.

— Eu sou vegetariano.

— Então, não. Não pode ser isso.

— Mas antes era carnívoro. Comia muita carne.

— Aí! Eis a explicação. Está pagando o preço. Ao ingerir grandes quantidades de carboidratos associadas a grandes quantidades de proteína animal você criou uma bomba que explodiria com certeza, mais cedo ou mais tarde, causando tumores, como esse carcinoma aí. Ao tornar-se vegetariano, você tornou vagaroso um processo. Esse câncer deve estar aí há muitos anos."

No preparo das carnes, formam-se substâncias muito tóxicas, como acrilamida e nitrosaminas, reconhecidamente cancerígenas.

A chamada "comida rápida", fator importante para diabetes, obesidade e doenças cardiovasculares, concorre descaradamente nesse ranking de degeneração com os aditivos a que a industrialização dos alimentos recorreu como forma de garantir sabor, odor, preservação e cor.

Todos esses dados tornam indiscutível o fato de que chegamos a um ponto final, um beco sem saída, na compreensão das causas relativas ao comprometimento da saúde: preponderam as questões culturais, e uma boa parte delas prende-se ao que se tornou necessário em função do modo de vida que a urbanização e a modernização sem freios ou limites impuseram ao homem.

Veganos costumam afirmar que a chave da boa alimentação encontra-se no colorido dos pratos: quanto mais coloridos, mais saudáveis e completos no que diz respeito aos nutrientes necessários à manutenção da vida. Os chineses veem saúde nos pratos coloridos e os japoneses, de forma oblíqua e concorrente, dizem que a apreciação dos pratos passa, antes de tudo, pela sua aparência. Não é assim? Os hindus veem a boca como o começo e o fim da saúde. Você é o que você come, afirma em alto e bom som famosa nutricionista inglesa (não apenas ela), presente em 9 entre 10 casas consumidoras de TV paga. É desse jeito e exatamente nesse percurso que vegetarianos e veganos em todo o mundo acabam voltando seus olhos para a escolha adequada dos componentes de sua alimentação.

Os avanços da agricultura orgânica devem muito de sua força a esse novo olhar. Cardápios são revistos, alimentos como chia, quinoa, alpiste, quireras, sementes (uma diversidade impressionante, do gergelim às linhaças marrom e dourada), castanhas e nozes, farinhas e cereais especiais e integrais são chamados para compor essa novidade gastronômica que se alia a um mundo cheio de novidades velhas, aquelas há muito conhecidas e ignoradas, um nicho que admite até sua preservação e sustentabilidade.

E por falar nessas coisas todas, acho que vou subir (já disse que meu escritório fica sob a casa, roubando um pedaço da garagem?) e preparar umas ***Batatas cruas***. Já fez?

Ralo as batatas finas como um macarrão japonês, deixando-as por uns 15 minutos, mais ou menos, dentro de uma água filtrada, bem fresquinha, para a desamidação. O amido sai e vai depositar-se no fundo da tigela. Tempero gostosamente com alecrim, pimenta-do-reino, pimenta dedo-de-moça (prefiro sem as sementes, mas você fará do seu jeito), cebolinha, orégano e levo a uma panela de barro para **só** amornar, regando com azeite extra virgem e uma salsinha do vaso que eu mesmo plantei, bem fresquinha e picadinha. Adeus à batata frita? Talvez, porque, como diz o dr. Alberto Peribanez Gonzalez, mestre crudívoro, não existe nada mais gostoso que uma batatinha crua, bem temperada e amornada. Tá certo! Quer uma pitadinha de sal também? Pode pôr, mas põe só um tiquinho.

Saboreie com vagar, pois tenho uma história e tanto no próximo capítulo, uma cerimônia muito especial, de morte e de vida.

CAPÍTULO XLII

O pulo do defunto

Saio de casa e faço quase sempre o mesmo caminho. É onde encontro, malgrado meu, os cães tristes, abandonados. É o caminho mais curto, aliás, muito mais curto. Nem diria que tenho outras opções. O outro trajeto seria por um retorno no Embu das Artes. São 300 metros de terra acidentada, uma montanha de buracos (êta expressão doida), mas vale sempre fazer essa escolha por tempo e distância. Aliás, ao tempo em que estou escrevendo, sei que as máquinas da Prefeitura lá estão, iniciando a terraplenagem para finalmente asfaltar. Será? Vai ficar bom.

Naquele dia, estava atrasado, como sempre. Enquanto colaborava para o ganha-pão das revendas de amortecedores, pensava coisas díspares ou nada, jogando o carro pra lá e pra cá quando, já no final dessa picada, eu os vi.

Normalmente essa é uma coisa que eu vejo, pois a gente só vê o que quer ver, só o que interessa é visto. Tenho sempre me queixado disso e aqui mesmo, nestas páginas, já me manifestei, por diversas vezes, sobre a tristeza sem fim. Não são coisas de vegetariano, não são coisas minhas, somente; constato, como tantos, que chegamos a um porto de naus irreversivelmente mal destinadas, onde nos acabrunharemos todos, insensatos, acocorados e assustados pelo destino certo, se é que há Justiça, do que tenho duvidado. Lá estarei eu, tantas vezes apressado, vendo e nada fazendo, a enfermeira do yorkshire, o bêbado do pitbull, o velho dos alçapões e gaiolas, o funcionário público do jardim zoológico e você, minha leitora, você e você, meus leitores, que nada estão compreendendo do que tento dizer: entendem, mas recusam-se a compreender.

No final da picada, há a entrada para um campo de futebol de várzea, um terreno de milhares de metros quadrados que consta pertencer à polícia militar (e eu nem sabia que a polícia tinha terrenos). Ali também começa o asfalto do bairro, um distrito industrial com muitas empresas, muitas mesmo. Ali eu os vi. Uma cena impressionante.

Eram 7 horas da manhã e as casas ainda acordavam. Alguns aposentados forçavam o passo, no esforço da vida saudável que nunca levaram quando deveriam, e os carros que seguiam no mesmo rumo que eu procuravam podar-se, imaginando que assim driblariam o azar anunciado, o congestionamento certo da Régis Bitencourt, nos implacáveis semáforos do centro de Taboão. No mínimo, 50 minutos de angústia, celulares frenéticos, nervosismo inútil. E lá estavam eles, estavam parados, impassíveis, voltados de forma excêntrica para a rua, muito compenetrados, sérios. Cinco cães. Um estava morto.

Quatro cães formavam uma guarda de honra, em semicírculo, de costas para o defunto. Senhor!! Quantas vezes ouvi, desde mocinho e menino, sobre os rituais e as cerimônias fúnebres dos elefantes? É praticamente um conhecimento meu. Os elefantes ficam de costas para o morto e juntos, em determinado momento, fazem das trombas trompas, num berro medonho de dor, adeus e homenagem. Mas os cães?

Eu nunca ouvira coisa assim. Todos os cães de costas para o morto, em semicírculo, pois a completar a circunferência havia a mata. Eles oravam e vigiavam voltados para onde havia o que vigiar: a estrada, onde passávamos todos. A cena comovia, eu parado, olhando, emocionado. Por que não uivavam?, pensei, pois era o que faltava para completar a mesma cerimônia de adeus que ajudara a preencher minha imaginação e que, depois, terminara por ver em vídeo telescópico.

Apiedado, digo melhor, mortificado, apanhei um pão adormecido, dessas coisas que sempre acabo levando no carro por saber que é fatal acabar encontrando seres famélicos focinhando monturos de lixo. A ração havia acabado (costumo carregar um pacote, ao menos – uma forma que encontrei para calar a consciência e poder prosseguir na ida para o trabalho) e restava aquele pão duro. Serve para algum, há de servir, pensei, e joguei o pão pela janela do carro, na direção daquela guarda funeral.

Foi quando aconteceu o impensável: de um salto, o defunto venceu a concorrência e abocanhou, ainda no ar, o bocado de que precisava, mais que todos. O defunto não era defunto, era defunta, melhor ainda, nem era defunta coisa nenhuma, mas uma cachorrinha no cio, esgotada, exaurida, abandonada em si mesma, guardada pelos amantes ciosos de seus deveres, todos prontos para a próxima rodada. Não, ela não se fingia de morta, mas poupava-se inteiramente, absolutamente imóvel, pronta para dar-se à sua natureza e realizar a maternidade que, certamente, a visitaria algum tempo depois.

Como explicar-lhes o problema? Como dizer-lhes que os tempos são de fome e que seus filhotes cumpririam sinas piores, que talvez não devessem nascer, no seio de uma sociedade humana cada vez mais confusa e apressada?

Fui trabalhar boquiaberto. Contei e não acreditaram, tão inventivo esse aí. E a nave vai. E vai, até mesmo, a lugares inacreditáveis, como vou mostrar em duas penadas e um capítulo: culpa do Zé. E a Alessandra deve estar envolvida.

CAPÍTULO XLIII

Conceição cruz-credo

Saí para uma conversa com o Zé Luís. Como sempre acontece, a coisa acaba acontecendo num almoço e o Zé, irredutível onívoro (consciente mas não muito dos males praticados nos excessos da dieta onívora), me anunciou, todo orgulhoso, que havia um restaurante vegano novo, indicado pela irmã dele, na Vila Madalena, que era de precinho razoável, que isso, que aquilo

Surpreendido pela gentileza, embarquei nessa. É que o Zé Luís havia se preocupado em conseguir um lugar vegano para conversarmos enquanto almoçávamos, quando o comum seria *um lugar bacaninha onde até servem saladas* ao lado dos pratos com os pedaços de animais.

E fomos ao Bar da Conceição, que era como se chamaria o restaurante, ele se lembrava. Conhece? Não, esse não conheço. Esquisito! Normalmente os restaurantes veganos, pequenos ou grandes, são de nós conhecidos porque porque, salve-se quem puder, ora! Não gostei muito do nome, quase um aviso, mas fiquei firme. Afinal, o Zé preocupado com um lugar vegano já era um acontecimento que eu não podia deixar de comemorar.

Entra por aqui, sai por ali, distanciei-me do trajeto nas minhas viajadas e, finalmente, o lugar apontou.

Era pequeno, de fato, e a banca de jornais à frente praticamente o encobria todo. Só uma porta de correr, que o tomava em toda a sua extensão, 4 metros de frente, portanto, não mais que isso. Verde. Um calmo e firme verde, desses bem característicos das casas vegê, digamos assim, pintava a alvenaria externa. Por dentro, vislumbrei, aqueles badulaques "zen", como chitas e babados, fonte, uma decoração colorida, inventiva, simples e bem de acordo com o gosto dos frequentadores alternativos da Madalena, bairro culturete e tradicional das baladas paulistanas, dos bares intelectualizados e charmosos que substituíram, na noite, o tradicional Bixiga.

O Zé, depois de me dizer (a memória às vezes se submete aos desejos) que o tal lugar era vegetariano, e não vegano, como antes me seduzira, que ele é que se enganara, que por não estar acostumado costumava misturar os termos, me despejou à porta e foi estacionar. Enquanto isso, eu constatava que o lugar tinha mesmo uma aparência acolhedora e inocente.

Na calçada, duas mesinhas com cadeiras despejavam simpatia e uma senhora também simpática me informou que não, não era vegetariano, mas tinha opções, que era muito gostoso e tal. Em outras circunstâncias, eu me mandaria dali naquele exato instante em que a revelação me atingia, mas o Zé já havia encontrado um lugar para estacionar e descera do carro. Não ia ser nem um pouco simpático da minha parte bancar o vegano histérico, dizer que não ficaria, que contrariava meus princípios, e tal, aquelas coisas. Fiz-me então de paisagem e resolvi que bancaria o cordato.

— Zé, o lugar não é vegetariano, mas eles têm opções – anunciei.

— Poxa! Minha irmã teria se enganado?

Entramos. Simpático o local. O bufê à frente, mas entre nós e o bufê, a recepção, onde o Zé, solícito, apressou-se em anunciar que o nosso amigo aqui é vegano e, claro, vocês têm opções, ao que o recepcionista afirmativo e sorridente garantiu que providenciaria. Ótimo! Conversados.

Dirigimo-nos ao bufê e lá estavam: frango ensopado, carne de panela com batatas, peixe, peixada, brócolis com um troço branco que, não, nada, nonada, era apenas ricota, pedaços de carne grelhada, legumes grelhados (imagine em qual grelha foram eles grelhados – uma grelha exclusiva?), arroz *shop suey*, com presunto e ovos mexidos, saladinhas com ovos e ricota, queijo, presunto (nunca falha), quibe cru (repito: QUIBE CRU), bem vermelho, uma salada de alface, arroz integral...

Como a tragédia anunciada nunca é muito trágica, aguentei firme quando o Zé perguntou ao cozinheiro solícito se havia alternativa.

— Sim, temos carne de soja ensopada com abóbora.

— Mas – perguntei – como é temperado isso?

— Normal, alho, cebola...

Fomos nos sentar, eu com arroz e alface e o Zé com um prato, digamos, ligeiramente mais sortido que o meu, enquanto uma cumbuca de carne vegetal com abóbora me seria trazida. E, de fato, poucos minutos depois, chegou, bem com aquela cara de bonzo, a gororoba que as pessoas costumam fazer quando não têm a mínima noção de gastronomia vegana.

Comíamos, conversando as amenidades que haviam servido de pretexto para a nossa conversa, quando uma memória involuntária, lá do mais profundo, me atropelou. Era como se tivessem untado de óleo toda a minha boca, por dentro, dentes e palato duro, um sabor enjoado, destemperado, com um quê de cebola frita – Senhor, como explicar? – e algo pouco salubre, de cozinha grosseira. Era carne de bicho.

— Zé, puseram caldo de carne nesse negócio.

— Quê? Não é possível! Isso é impossível!

— Já senti. Isso é caldo de carne. Conheço esse gosto – disse, enquanto alguns gases desarvorados me expunham, eu com a mão fechada na boca, tentando segurar outros ruídos. E acrescentei, preocupado, mas já dividindo o horror com o Zé: — Será que vou passar mal? As pessoas passam muito mal quando comem isso depois de muito tempo sem nada.

O Zé estava lívido e fazia todas as menções de se virar para um lado e para outro como quem se prepara para chamar alguém, eu preocupado em não ter que dizer que o cara mentiria se questionado, dizendo que deixasse pra lá, que era melhor esquecer. Parei de comer.

Vegano, escuta bem: qualquer lugar que não seja, pelo menos, ovolactovegetariano, com opções veganas, deve ser evitado. Eles não têm a mínima noção do que vem a ser isso que você lhes diz que é e, além disso, também não merecem ter o mínimo contato com o dinheiro que você leva no bolso.

A propósito, deixe-me contar, meu caro leitor, o fato aprazível de que nem eu nem o Zé tínhamos dinheiro ou cheque para honrar o compromisso. Só cartões de débito e crédito, que eles não aceitavam. Saímos sem pagar, com o compromisso de voltar, qualquer dia, para pagar. Então, sua vez, Zé. Paga!

Os veganos fazem escolhas que exigem renúncias, todos sabem disso. Mas xeretam qualquer notícia de substitutivos para o pão de queijo, a fatia de pizza com a *mozzarella* derretida em fios, enfim, coisas que se encontram facilmente em supermercados europeus ou norte-americanos, mas que por aqui ainda se fazem de rogadas, creio que esperando o aporte da próxima caravela. Nossos importadores onívoros têm dificuldade em assimilar informações novas e nossos industriais onívoros – preocupados demais com o próprio umbigo – não enxergam um palmo além de seu pincenê, ou *pince nez*, se assim preferir o meu amado leitor, a minha preciosa leitora, tão guardiã.

Que tal uma receita excelente de PVT ou PTS?

Como já disse antes, essas siglas designam Proteína Vegetal Texturizada e Proteína Texturizada de Soja, respectivamente.

Todas as vezes em que um onívoro se queixa do sabor da PVT, sinto-me na obrigação de explicar que a tal da "carne vegetal" não passa de uma esponja, isto é, se não gosta é porque a esponja não absorveu ingredientes certos ou na quantidade ideal. Dessa maneira, "eu não gosto de carne de soja" significa "eu não sei preparar PVT", ou, ainda, "a pessoa que cozinhou para mim não sabe cozinhar".

Vamos combinar? A tal da "carne" também depende dos temperos, assim como a ***Carne vegetal***. Ademais, já falei sobre isso lá atrás, chegou a hora de revelar a receita. Não é difícil, não é preparo secreto, não é bicho de sete cabeças. Vamos lá? Que tal preparar "carne vegetal" para o mês todo, deixando-a semipronta e congelada para utilização imediata? Prático, não é? Eu faço assim: pego 100 g de PTS granulada, clara ou escura (e isso é bastante, porque aquilo não pesa nada), 2 colheres (sopa) de óleo, 1/2 colher (chá) de gengibre ralado, 2 colheres (sopa) de shoyu, 1/4 de colher (chá) de sal e 1/4 de colher (chá) de glutamato monossódico (opcional).

Deixo a PTS de molho em água quente para hidratar, por 40 minutos. Escorro a água e aperto-a entre as mãos. Passo na água fria por duas vezes, apertando-a bem para retirar o líquido. Toda essa operação poderia até ser evitada, mas como eu sou perfeccionista, gosto de passar na água fria e espremer todo o líquido essas duas vezes; acho que assim ficará mais interessante e saborosa. Reservo.

Em uma frigideira, esquento o óleo, coloco o shoyu, o sal e o gengibre, para fritá-lo. Acrescento a PTS granulada que eu havia reservado e mexo bem. Acrescento, por fim, o glutamato monossódico (se opto por usar). Pronto. Coloco na geladeira para usar quando for necessário ou, ainda, no congelador. Vou tirando aos poucos, durante trinta dias, toda vez que precisar desse ingrediente para almôndegas, hambúrgueres, polpetas, polpetones, molhos à bolonhesa e o que mais a imaginação desejar.

Posso também fazer algo parecido com a ***Carne vegetal em pedaços***. Fervo 100 g de PTS em pedaços com 2 ou 3 fatias de gengibre até estar bem hidratada. Retiro o gengibre, escorro a água quente e espremo a PTS com as mãos, lavando-a em duas águas frias, retirando todo o líquido. Reservo. Preparo um tempero com 2 colheres (sopa) de óleo, 1 colher (sopa) de shoyu, 1/2 colher (chá) de açúcar, 1/2 colher (chá) de extrato de tomate, pitada de sal, pitada de glutamato (sempre opcional). Misturo bem e junto à PTS reservada. Mexo e remexo. Deixo por algum tempo (1 ou 2 horas) para o tempero "pegar". Pronto. Geladeira ou congelador para usar, quando necessário. Vamos deixar uma coisa bem clara: isso é uma receita básica, para facilitar preparos. Quando vou elaborar algum prato é que tempero a PTS com alho, sal, pimenta, vinagre, óleo, louro, gengibre, cominho, sei lá mais o quê. Cada um usa o tempero de que gosta, ou que seja mais adequado ao prato que está sendo preparado.

Que tal ***Carne com batatas***?

Pego 2 batatas, descasco-as e corto em pedaços (de 2 cm x 2 cm, mais ou menos). Reservo. Corto em pedacinhos 2 tomates sem sementes e sem pele (tiro a pele quando estou com muita paciência), corto também, do mesmo jeito, 1 cebola roxa.

Em uma panela com 2 colheres (sopa) de azeite, refogo a PTS previamente preparada e guardada no congelador (descongelo antes), juntamente com 3 dentes de alho (gosto muito, se não gostar, não use) e a cebola picada. Mexo e remexo. Acrescento as batatas e os tomates. Mexo e mexo. Água fervente, para cobrir, cozinho até as batatas ficarem no ponto e corrijo o sal.

E do pequi, lá no Mato Grosso, vai uma receita muito saborosa. Mas no próximo capítulo.

CAPÍTULO XLIV

Comida-conceito

Saí rapidamente de casa agora pra comprar pequi em lascas, em conserva de água e sal. O arroz já no fogo, coloquei metade das lascas do vidro e mexi bem, aquele amarelinho gostoso já se soltando das lascas e se misturando ao arroz muito bem temperado. Hum... Depois de prontinho, salsa bem picadinha por cima e comer-comer, que é o-me-lhor-pa-ra-po-der-cres-cer, grita o jingle grudento na minha cabeça. É praticamente um prato único, mas, se desejar, uma salada bem lavadinha e saborosa faz uma tremenda festa com o ***Arroz de pequi***.

Definitivamente, minha briga é com a produção industrial moderna. Há tantos e tantos sabores, tantas opções; eu não preciso me submeter. A produção industrial de pequena escala, como a das lascas de pequi, quase artesanal, desde que sem corantes e conservantes, é questão de praticidade na maioria das vezes. Não sou *natureba*, embora saiba que essa postura é a ideal e corrigiria muitos dos meus vícios e problemas alimentares, assim como minimizaria suas consequências. Quem sabe algum dia, pois a consciência começa a rondar, tão incômoda quanto desejável. Enquanto isso, alguns enlatados e processados vegetarianos continuam frequentando minha mesa e meu corpo, com os dias contados, é certo, pois o agronegócio tomou conta dos supermercados, das prateleiras, da vida de todos e eu é que não vou ficar quietinho no canto assistindo a esse festival nefasto sem fazer nada.

Com o desenvolvimento, o Brasil aproxima-se celeremente do *modus vivendi* que os brasileiros copiamos e admiramos tanto, o *american way of life*. Mas a sociedade norte-americana está adoecida, nem tanto pelo fim do Império, hoje claramente inevitável, quanto pelas próprias características de sua autoridade e supremacia. Em virtude dessa economia que precisou conquistar pódios para fins de dominação e controle do mundo, produzir etanol a partir do milho excedente escandalosamente subsidiado acabou tornando-se, sob diversos pontos de vista, a única coisa a fazer neste momento para evitar que montanhas de toneladas e toneladas dessa erva tropical sufoquem campos, cidades e habitantes. O tamanho do buraco vai aumentar.

Então, se *o que é bom para os americanos é bom para os brasileiros*, parafraseando uma das mais infelizes frases já ditas nos nossos meios governamentais, e que virou uma espécie de praga no inconsciente coletivo anêmico e subserviente, não é preciso muita imaginação para saber que as gôndolas em todos os setores dos supermercados brasileiros oferecem fartamente produtos que ostentam as mesmas listas de ingredientes que o agronegócio soube impor, como a soja, o milho e todos os seus subprodutos pau-pra-toda-obra, baratos e, por isso mesmo, muito convenientes para a engenharia de alimentos.

Entremos em um supermercado. Deixemos para depois, se tempo sobrar e espaço houver, as cenouras e berinjelas, as laranjas, as frutas recém-inventadas ou recém-chegadas a este Brasil que só há pouco aceitou importar a diversidade, as embalagens com hortaliças pré-lavadas (que significaria pré-lavadas? Já lavadas? Ligeiramente lavadas? Melhor lavar!), batatas cortadinhas, abobrinhas fatiadas. Há um longo caminho pela frente: congelados e enlatados, desidratados, embutidos, empacotados, vamos olhá-los com mais vagar.

A colossal variedade de produtos carrega caixas-pretas que desfazem os rastros de suas origens e componentes. Tudo parece programado para apagar as pistas de sua natureza, como os códigos, impenetráveis para o consumidor comum. Acidulantes, conservantes, emulsificantes, odorizantes, colorantes, flavorizantes, espessantes, estabilizantes, tantos *antes* que antes nem existiam. Afinal, como entender que um suco *natural* de abacaxi contenha aditivos encarregados de agregar cor e odor natural de abacaxi?

Afinal, o que é que estamos comendo? Estamos consumindo avidamente conceitos. Conceito de suco, conceito de frutas, de legumes, de cereais. Não existe mais a sazonalidade. Caqui pode ser encontrado durante todo o ano, milho também (e as casas das pamonhas fresquinhas, pamonhas de Piracicaba, deliciosas, o puro creme do milho, pamonhas, pamonhas, pamonhas), morangos, tomates. Na estação, as frutas ganham o sabor que nossa memória olfativa ainda insiste em preservar, mas isso logo passará.

Toneladas de agrotóxicos atravessam a epiderme dos hortifrutis e encontram residência na sua polpa, pronta para consumo. Em alguns casos, quando o agricultor se excede, e exceder-se acaba sendo apenas zelo com a lavoura, é possível sentir cheiro e gosto de produtos proibidos no país, como *bhc*, impregnando a fruta ou a hortaliça. Até alface – que praticamente não pragueja – acaba recebendo as borrifadas *preventivas*. Chegamos ao tecnicismo mais mecânico e repetitivo, sem razão maior que as orientações recomendadas pelos produtores nos rótulos desses insumos, cujo único intento é forçar mais e mais o próprio consumo.

A comida afasta-se da natureza. Quando, lá atrás, não a pudemos comer fresca, nós a conservamos em sal, cominho e outras especiarias, como pimenta-do-reino. Foi um dos primeiros passos. Depois, aprendemos a enlatar, a congelar, a embalar longe dos raios de sol e da oxigenação, garantindo a sua durabilidade, indo contra a natureza, aprendendo a dominá-la, embora nem sempre a sua qualidade pudesse permanecer. Dessa maneira, garantimos nossa sobrevivência em condições de escassez, possibilitamos longas viagens e descobrimentos, nos navios abarrotados de víveres de longa duração, garantimos a preservação das safras fartas para que não nos sentíssemos fragilizados em momentos de exiguidade. Teria sido bom, se ficássemos nisso.

Entretanto, o homem quer sempre mais. Garantida a conservação, aumentou, por diversos meios, a produtividade. Mais e mais vezes a terra não se negou a oferecer as melhores e maiores colheitas e, se houve grande lucratividade inicial, um efeito perverso acompanhou a fartura: a queda nos preços. Uma safra duplicada, portanto, já não significava uma lucratividade proporcional; ao contrário, poderia ser até menos.

Criaram-se estoques reguladores, por parte do governo, para garantir a sobrevivência dos agricultores, e grandes escândalos acompanharam o descarte de toneladas e toneladas de alimentos de todos os tipos em lixões, inclusive o derrame de milhões de litros de leite, em protestos de fazendeiros, revoltados com os preços baixos provocados pelas safras recordes e que inviabilizavam a retomada da produção. Às vezes, e raramente, quando o bom senso conseguia falar mais alto, a mídia pôde reservar espaço para cenas insólitas em que produtores entregavam a pessoas de baixa renda sacos e sacos de batatas, cebolas, abóboras, laranjas, melancias, enfim, tudo o que a prodigalidade da natureza aliada à técnica e aos insumos conseguiu oferecer a mais, desregulando o mercado. É esse o caso do milho, exemplo maior, que atualmente mina a economia mais rica do planeta em ciclo vicioso, retroalimentado com a melhor (melhor?) das intenções e práticas, que, como vírus, rapidamente contamina a cadeia produtiva global.

A superprodução exigiu novos mecanismos. Como não é possível fazer com que uma pessoa dobre a quantidade de comida que ingere, mas apenas se consegue um percentual a mais (suficiente, diga-se, para que ela se torne obesa), foi necessário dissolver os excedentes em outros produtos. O milho passou a fazer parte da maioria dos produtos industrializados com esse escopo: aproveitar essa montanha de excedentes calóricos com as mais diversas finalidades.

Volte ao supermercado, sim, aqui mesmo no Brasil, e dirija-se para os corredores de comidas processadas, enlatadas, conservadas, engarrafadas. Tome qualquer produto nas mãos. Leia o rótulo na seção *ingredientes*. Xarope de milho, amido, amido modificado, maisena, mono, tri e diglicerídios, dextrose, lecitina, farinha de milho, óleo de milho... Há muitos mais. Às vezes de milho, às vezes de soja, lá estarão eles, componentes exuberantes de um alimento de aparência trivial, comum, conhecido dos nossos avós, quando dispensava, por sua simplicidade, todos esses aditivos.

Entretanto, em termos de sofisticação, nada supera o valor que se agrega a determinados produtos como prova de que são saudáveis e nutritivos: gado criado à base de milho e cereais (contrariando sua natureza herbívora), frango ou porco criados com o mais puro milho, cereais matinais à base de milho, glicose de milho como edulcorante natural de refrigerantes diversos, frutose, enfim, será que é necessário continuar?

É isso mesmo! Vivemos um momento especial da história. Nós comemos o que a economia considera necessário para que os setores produtivos mantenham seu *status*, comemos o que o agronegócio determina, com o apoio cúmplice da engenharia de alimentos, especialmente contratada.

Afinal, quem somos nós? No próximo momento, essa pergunta aparece. Resta saber se haverá resposta.

CAPÍTULO XLV

Gaia?

Afinal, estamos falando sobre o quê? Comida? Olhei minha imagem no espelho e me assustei, preciso confessar. Vi minha cara, vi meus dentes. Sou uma máquina de comer, admiravelmente equipada. Não me orgulhei disso que vi.

Para que servem meus olhos? Para procurar comida, pela aparência, pelas cores, assim como meu olfato, ao lidar com os cheiros, e meu tato, experiente nas texturas. Tudo parece garantir a minha aproximação das coisas que vão garantir a minha sobrevivência e esta depende basicamente dos nutrientes que busco e ingiro.

O paladar, espécie de filtro, diz-me o que é bom e o que é ruim, assim como o abstrato apetite, aliado aos desejos, que me contam do que há de maior precisão no meu organismo, vitamina A, vitamina D, proteína... Bate *aquela* vontade.

A boca, essa porta para o meu interior, agradece às mãos o alimento que nela entra para ser processado, a partir dos dentes, da saliva com seus ácidos adrede situados, alcançando um processamento terminal no estômago, onde outros ácidos, mais fortes, especiais, aguardam o alimento triturado. O intestino faz a festa da distribuição, cada coisa para o seu devido lugar.

Olhei à minha volta. Tudo, absolutamente tudo está disposto de forma a facilitar a devoração do mundo. Uma malta de indivíduos das mais diferentes espécies comem tudo a sua volta e comem-se uns aos outros. Moramos em aglomerados de habitações que, pela sua forma, tamanho e expedientes, nos fazem esquecer seu verdadeiro escopo: facilitações para o ato de comer. A publicidade residencial indica a proximidade de padarias, açougues, supermercados, empórios, vendas... Nossa! É para isso que construímos cidades.

Por todas as partes, restaurantes. Alimentos com agrotóxicos, alimentos puros, orgânicos, comida natural, comida vegetal. Hora do almoço, hora do jantar, doenças ligadas à alimentação. Pizza sábado à noite? Macarronada no domingo? Fast food, que ninguém é de ferro, e tome batatinha em porções jumbo. Multiplicam-se as praças de alimentação, novas dietas milagrosas, sucos vitaminados e enriquecidos, refrigerantes, cervejas, destilados disso e daquilo, verduras e legumes, lanchonetes, docerias, feiras. Cercamo-nos de comida e vivemos para comer, enganando-nos com as guloseimas da religião, do pensamento e das artes.

E vamos nos multiplicando, devorando, crescendo, comendo.

A um passo da paranoia, pergunto-me, mais uma vez, sobre quem somos, o que fazemos e para quê. São 12h02 e tenho que parar. A praxe, nestas horas, é almoçar. Que tal uma ***Sopa paraguaia***? Claro, vegana. Devidamente adaptada.

A *sopa paraguaia* de líquida não tem nada. O mito nos conta que os sertanistas a levavam em sua bagagem, último afeto de suas mamães, na despedida, criada assim sólida especialmente para ser transportada com facilidade em suas bagagens. É um prato típico da região de fronteira, mas que pode ser encontrado por todo o estado do Mato Grosso. Feito de nada mais, nada menos do que milho, lecitina de soja, leite de soja (substituindo o de vaca), cebola... e só. Simplicidade a qualquer título, porém supersaboroso.

Uso 1 litro de leite de soja, 6 espigas de milho verde ralado (prefiro, mas posso trocar por flocos de milho pré-cozido sem sal, como esses que se encontram empacotados em qualquer supermercado), 500 g de tofu do tipo caseiro chinês (aquele mais firme), 1 xícara (chá) de óleo, 4 cebolas médias fatiadas, 1 colher de lecitina de soja, 1 colher (sopa) de fermento químico em pó, sal e pimenta-do-reino a gosto.

Deixo o forno preaquecido em 180°C e unto uma fôrma. Refogo as cebolas já fatiadas com um pouco do óleo, só para murchar de leve. Desligo o fogo.

Junto o leite, o restante de óleo, a lecitina, o tofu ralado e misturo bem. Misturo o fermento com o milho (ralado ou em flocos) e acrescento aos poucos na mistura de cebolas. Corrijo o sal e adiciono a pimenta. Sempre a gosto.

Ponho na fôrma e asso por 45-50 minutos, ou até ficar dourado. Deixo esfriar e corto em pedaços para servir como entrada, acompanhamento ou sossega-gula. Os ovolactovegetarianos usam queijo meia-cura no lugar do tofu e ovos no lugar da lecitina. Em qualquer versão, o prato fica muito mais gostoso frio e, se possível, de um dia para o outro. Os sabores se harmonizam, se acentuam.

Depois, fazer a sesta. Refeições pedem sesta e, talvez, sonhos. Quero falar sobre isso. É que me lembrei de um filme.

CAPÍTULO XLVI

Field of dreams

Assisti mais uma vez a *O Campo dos Sonhos*, um filme insuspeito, até agora. Não é mais. Com o título original de *Field of Dreams*, conta com um elenco de notáveis, como Kevin Costner, Burt Lancaster, Ray Liotta, Amy Madigan.

Archibald "Moonlight" Wright Graham, personagem interpretado por Burt Lancaster, foi, de verdade, um jogador de beisebol. Em 29 de junho de 1905 ele fez sua estreia pelo New York Giants, mas cinco dias depois desistiu do sonho de ser um jogador profissional para ingressar na carreira de médico. É o último filme para o cinema feito por Burt Lancaster. A produtora de *Campo dos Sonhos* construiu o campo de beisebol em uma fazenda localizada em Dyersville, no Iowa. Após o término das filmagens, os donos da fazenda decidiram manter o campo. A partir de 1990, o campo foi aberto para visitação pública, para que as pessoas pudessem conhecer o lugar e também jogar partidas. Na época desconhecidos, Matt Damon e Ben Affleck estavam entre as centenas de extras presentes na cena da Fenway Park. Ambos não foram creditados.

A história banha-se em um romantismo até insalubre: um grupo de fantasmas quer jogar beisebol e influencia um pacato fazendeiro para que lhes construa um campo. É a inverossimilhança triunfante. Será só isso?

Um fazendeiro de Iowa, Ray Kinsella (Kevin Costner), ouve a seguinte frase: "se você construir, ele virá". No início Ray achou que era apenas sua imaginação, pois sua mulher, Annie (Amy Madigan), não ouviu nada e a filha deles, Karin (Gaby Hoffman), também nada escutou. A tal voz não explicava o que devia construir e quem viria em razão disto.

A voz é insistente e Ray tem algumas visões de um espaço iluminado e afinal entende que deverá construir um campo de beisebol. É um aficcionado desse esporte, do qual seu pai era ainda mais, mas essa paixão, percebe-se, é muito semelhante à que outros norte-americanos sentem por esse esporte, como o prazer, o conhecimento e a dedicação dos brasileiros ao futebol, seus ídolos, times e história.

Mesmo sabendo que construir um campo de beisebol iria afetar sua plantação de milho e o deixaria em uma delicada posição financeira, Ray, com todo o apoio de sua esposa companheira (tão meigo!) resolve acatar o pedido da voz. O que estava para vir era algo que Ray e sua família não poderiam imaginar. Ray recorda seu falecido pai e todas as histórias dos antigos jogadores que ele lhe contava, sendo que o maior de todos e ídolo dele era o famoso Joe "Descalço", jogador do Chicago White Sox que teve a carreira interrompida no auge por um caso de suborno. Então Ray acha que quem virá será Joe, e estava certo. Ao concluir o campo, Joe se materializa nele. O antigo astro pergunta a Ray se pode trazer outros jogadores para jogar com ele no campo, e Ray, claro, concorda.

Ray está feliz em ver seus ídolos de infância pela primeira vez e ainda jogando da mesma maneira como quando estavam em plena atividade e no auge da fama, mas, ao derrubar a plantação para construir o campo, ele ficou sem dinheiro para quitar a hipoteca da fazenda. Seus parentes querem que venda a propriedade para não perdê-la, mas Ray está indeciso, pois continua a ouvir vozes e a ter sonhos e visões, que lhe pedem para procurar outras pessoas: o escritor Terence Mann, um dos favoritos de Ray e de sua esposa quando estavam na faculdade; e um médico de Chisholm, Minnesota, cujo sonho de juventude era ser jogador profissional de beisebol. O leitor atento já sabe de quem se trata, não é? Por aí vai. Também não vou contar o fim, pra não castigar demais os românticos que irão agora para as locadoras em busca desse entretenimento.

Só entretenimento, porém, é que ele não é.

Em Iowa, as plantações de milho tomaram conta de tudo. Os animais foram expulsos, juntamente com as pessoas. Só há milho.

Claro, não podemos nos esquecer: bonezinhos de beisebol adornam a cabeça de dez entre dez fazendeiros do Iowa, estado que em boa parte de sua região possui um dos solos mais férteis do mundo, uma camada de barro fofo aluvial de quase 70 centímetros de espessura. O depósito inicial fora provocado pelo glaciar de Wisconsin ocorrido há mais de 10 mil anos, e a seguir enriquecido a um ritmo de vários centímetros a cada década pelas diversas variedades de relva das pradarias. Até meados do século XIX, quando os arados dos colonos começaram a marcar essa área, toda essa terra era coberta por gramíneas altas. Tudo já mudou, pois a camada já foi mais alta, soprada e levada pelas águas desde que a primeira camada se rompeu pela força do agricultor.

Quando a exploração agrícola dessas áreas começou, deveria haver uma grande quantidade de milho, como também de aveia, feno, alfafa, porcos, gado vacum, galinhas e cavalos. A terra propiciava fazendas praticamente autossuficientes que sustentavam com dignidade e até excedentes todos os que trabalhavam nela. Tudo mudou, como sabemos.

A monocultura do milho exigiu mudanças. A 34H31, da Pioneer Hi-Bred, é o híbrido de milho adaptável com grande capacidade de propiciar retorno. É uma variedade interessante, pois não contém o gene YieldGard, a linhagem de milho geneticamente modificado desenvolvida pela Monsanto e com a qual a Pioneer vinha trabalhando o também geneticamente modificado 34B98. Transgênicos. Alguns plantam, outros se recusam, talvez se recusem por pouco tempo.

Um híbrido padrão F-1 é maravilha tecnológica capaz de extrair 800 toneladas de milho por acre, contra as 4,5 toneladas "normais". Quem resistirá?

Não quero judiar do leitor (mas que termo este!!!). Em *Campo dos Sonhos*, a fazenda de Ray tem suas obrigações com os bancos, derivadas dos empréstimos que precisa pagar e pelos quais amarrou sua propriedade, nas famosas hipotecas em que os americanos do Norte se enrodilham desde sempre, e a misteriosa voz acabou fazendo com que ele quebrasse o ciclo: maior produtividade, recursos idênticos, nova hipoteca, mais um ano, maior produtividade ainda, e novamente...

No filme, Ray arrancou o milho do espaço correspondente ao campo que sua consciência ancestral lhe pediu, voltou no tempo, valorizou as tradições de seu país e dá gosto, no filme, apreciar o olhar perplexo dos outros fazendeiros, sabedores de que a área que se transforma em um simples campo de beisebol será suficiente para criar um déficit de recursos que, afinal, levará o fazendeiro sonhador à ruína.

O filme brada contra esse novo estilo de vida norte-americano que a nada parece levar. Não se trata de plantar mais e mais, mas de garantir mais e mais lucros para os grandes conglomerados, como Cargill, Tyson, refrigerantes à base de cola, o que se faz pelo aumento artificioso da produção.

Não sei se é possível conseguir milho não transgênico, não sei se os chamados orgânicos têm sementes inocentes, é preciso investigar, talvez no Parque da Água Branca, mas só talvez. Veganos e vegetarianos e naturebas, crudívoros, frugívoros e afins devem se comunicar. E muito. De qualquer forma, um ***Curau***, ah!, é delicioso, nutritivo, deve fazer bem (se não for desses que...).

Pego 6 espigas de milho verde, amarelo firme, mas não duras demais. Ralo (essa é a pior parte) ou corto os grãos do sabugo. Depois disso, bato no liquidificador com água ou com leite de soja (aquele especial para culinária), uns 750 ml. Adoço, de acordo com minha preferência. Depois, eu coo e levo ao fogo, mexendo sempre, e muito, para não encaroçar, até engrossar. Despejo num refratário. Salpico canela em pó generosamente. Deixo esfriar. Conduzo à geladeira. Conduzo ao paladar. Dê-se, você também, esse prazer!

CAPÍTULO XLVII

Ao vencedor, as batatas

Como receita, acho que vai bem uma de ***Pão de queijo sem queijo***. Que tal?

Pego 4 batatas médias ou 1/2 dúzia de batatas-baroas (mandioquinhas grandes). Amasso. Acrescento 1 xícara (chá) de óleo de milho ou de canola ou de girassol, 1 colher (chá) de sal, 2 xícaras (chá) de polvilho doce, 2 xícaras (chá) de polvilho azedo, 1 xícara (chá) de tofu e vou colocando leite de soja enquanto amasso, até conseguir um ponto que dê para fazer os pãezinhos. Faço as bolinhas e asso em uma fôrma levemente untada por uns 30 minutos. Fica muito bom para o lanche da tarde, festinhas, visitas de amigos, enfim, você sabe. Tem gostinho bom de Minas Gerais e nenhuma vaca sofreu com essa sua produção. Seja feliz!

Mais: ***Proteína de soja desfiada*** e temperada e ***Bolinhos de tofu***.

Para o refogado, uso PTS em pedaços, daquela que mantenho para usos diversos na geladeira. Coloco em água (suficiente apenas para cobrir) no liquidificador e bato a função pulsar por apenas três vezes. Escorro e desfio. Tempero do jeito que me inspira o momento, refogando em frigideira. Como com pão, ou com arroz acompanhando.

Para os bolinhos de tofu, uso daquele caseiro, tipo chinês, que é o mais firme, uns 500 gramas. Acrescento 50 g de tofu defumado ralado, 1 xícara (chá) de PTS clara (sem hidratar), um pouquinho de glutamato monossódico (opcional), outro pouquinho de pimenta-do-reino, 1/2 caixinha de creme de leite de soja, um fiozinho de azeite. Amasso tudo muito bem, fazendo os bolinhos e passando em farinha de trigo. Frito em óleo bem quente.

CAPÍTULO XLVIII

A gripe espanhola

Quando eu era menino, bem pequeno, as conversas de adultos sempre eram interessantes. Eu não as perdia. Os assuntos da Segunda Guerra Mundial, terminada havia uns quinze anos, ainda estavam no ar, mas eram pouca coisa comparadas com outras como sobre minha avó em prantos, completamente perdida, transtornada, nas ruas de Santos, onde morava e onde depois eu nasci, chorando pela morte do Duce.

Mussolini nunca foi alguma coisa para ela, coitadinha, mas era um governante italiano. Na sua simplicidade, imigrante praticamente analfabeta, havia o que prantear, embora ela não tivesse a mínima ideia sobre por que o trataram tão mal, pendurando-o daquele jeito. A pobre. O *mangia che te fa bene*, tantas vezes pronunciado, o *deixa o menino, coitado* – tão cariciosos – vez ou outra ainda comparecem aos meus ouvidos. Eu me lembro.

Quando eu era menino, lá em Santos, algumas conversas ficaram martelando por anos os meus tímpanos. Sobre a Primeira Guerra Mundial, nem ui, nem ai, mas sobre a gripe espanhola, bem, essa pegou meu pai de pequeno, e ele se lembrava dos corpos, das valas comuns, sempre falava nisso, era conversa certa.

Gripe espanhola. Que foi aquilo?

Uma pandemia, atingiu o mundo, matou e devastou mais do que os registros apontam, muitos dados se perderam, famílias foram dizimadas, a orfandade virou rotina, os benfeitores esparziam-se, multiplicando-se para fazer alguma coisa. Com todas essas histórias, jamais imaginei que a gripe espanhola voltaria. Mas ela está aí.

* * *

Eu tive um sonho, um pesadelo. Desde criança, acho, não sofria tanto com essa coisa que se chama sonho. Sonhei que comia um peru, os dedos dos pés de um peru vivo, que eu cozera e que devorava aos pedacinhos, dividindo com o próprio peru, que me acompanhava, me seguia, os deliciosos pedacinhos de sua carne.

Ia andando, indiferente, mastigando, e dando a ele, de vez em quando, um pedaço. Já nem sei o que me passava pela mente, não sei se havia consciência do que fazia, sei que ele queria mais e eu dava, caminhando em direção sei lá a quê. Não sei mais nada. Quando acordei, claro, ainda sabia e sabia também que deveria escrever imediatamente as cenas todas, pois esqueceria. Foi o que aconteceu.

Sei que me dei conta.

No sonho, percebi que ainda gostava de carne, percebi que havia jogado na lata de lixo todos os meus esforços de vegano, percebi que era um hipócrita, que comi o peru e com ele dividi sua própria carne, a carne que lhe retirei dos pés, onde ele estava insensível (cada ideia!), onde ele não percebia que era devorado e que se devorava também. Isso é coisa de Freud, não sou capaz, não estou podendo.

Sei que comecei a chorar, a chorar muito, a desejar que fosse um sonho, que eu não fizera aquilo, não machucara o bichinho. E chorei pela minha insensibilidade, pela maldade, pela consciência, enquanto bochechava e sentia aquelas fibras de carne enfiadas nos vãos dos meus dentes, recusando-se a sair. Por instantes, desejei que tudo fosse um sonho, e percebi que poderia ser. Era um sonho. Meu rosto estava completamente molhado a partir dos olhos. O alívio que senti foi um dos maiores prazeres que já senti na minha vida.

Quem nunca apreciou um peru pela sua beleza, pela sua majestade, certamente não o viu ainda. Perus têm um lindo padrão de penas, grande personalidade. Andam pomposos, na verdade desfilam. São curiosos e brincalhões, amigáveis e cheios de vida, arrastando as asas, conscientes da atração que exercem, exibindo-se, grandíloquos, pelo terreiro.

Sua voz é clara, explicam-se suas angústias, seus anseios, naquela língua estranha, agônica. É fácil perceber se estão com medo, apavorados, irritados. Uma extensão vocal enorme, um glu-glu-glu profundo. As peruas dão ordens claras aos filhotes, pois eles entendem e acorrem a seu encontro. Não estou fazendo a antropomorfização das aves, não me venham com essa. É assim, exatamente assim que acontece. Todos os meus leitores com animais de estimação, ou com grande convivência com eles, sabem disso. Os outros leitores precisariam saber, mas têm lá seus problemas.

Antigamente, os perus voavam seus curtos voos, assim como as galinhas, espanejavam-se a cada luz nova dos dias. Hoje não conseguem sequer andar. Nem eles, nem as galinhas. E morrem aos montes, nas criações industriais.

Outro dia, um pediatra me disse que há muitas doenças inesperadas, doenças que não se costumavam ver em crianças. Além de diabetes, males inflamatórios e autoimunes, há coisas que os médicos não sabem nem mesmo denominar, as viroses, famosas viroses que qualquer pai ou qualquer mãe já enfrentaram, sem nem saber o que estão enfrentando. Puberdade chega mais cedo, todo mundo está alérgico a praticamente tudo, doenças respiratórias são uma constante. Será a nossa comida?

Os animais da criação industrial são alimentados com hormônios e tomam altas doses de antibióticos para evitar os males comuns nesse tipo de agronegócio. Depois, são comidos por nós e por nossas crianças. É o mesmo que tomar hormônios ou antibióticos por tabelinha? Arriscamo-nos a ganhar poderosas resistências a essas substâncias?

* * *

No estreito de Bering, entre o Cabo Dezhnev, o ponto extremo oriental do continente asiático, e o Cabo Príncipe de Gales, por sua vez ponto extremo ocidental do continente americano, com cerca de 85 km de largura e uma profundidade de 30–50 metros, Brevig Mission é uma aldeia inuíte muito, muito pequena. É o Alaska.

Não há polícia. Não há funcionários públicos. Se alguma construção pegar fogo, será tarefa dos 276 cidadãos apagá-lo ou deixar queimar enquanto durar.

Diz-se que o último glacial permitia que houvesse comunicação terrestre entre a América e a Ásia, quando os mares estiveram recuados. Há teorias sobre as primeiras migrações humanas envolvendo os dois continentes, e a pequena profundidade no mar praticamente corrobora as hipóteses que afirmam a ligação entre os dois continentes.

Em suas profundezas, a terra de Brevig Mission, permanentemente congelada, guardava, no mês de agosto de 1997, quando foi escavada, os corpos das vítimas da pandemia de gripe de 1918, a temida gripe espanhola.

Pouco tempo antes dessas escavações do cientista sueco Johan Hultin, Lam Hoi-Ka foi a primeira vítima de um vírus tipo H5N1, das galinhas de Hong Kong. Esse vírus, causador de uma versão avassaladora da gripe influenza, é conhecido por nós: essa foi uma das vezes em que um vírus mortal de uma espécie saltou para outra espécie, desequilibrando todos os parâmetros conhecidos e permitindo que uma nova pandemia tome o mundo.

Em 1918, a mais avassaladora de todas as pandemias, a gripe espanhola, fez abrirem-se valas comuns aqui bem perto de onde escrevo, em Taboão da Serra, na chamada Grande São Paulo, e lá em Santos, onde nasci. Qualquer pesquisa na rede mundial de computadores vai mostrar muitas referências. De acordo com os dados de Eating Animals, de Jonathan Safran Foer, que reproduzo aqui, a gripe espanhola matou em apenas 24 semanas o que a Aids levou inteiros 24 anos para vitimar: 24 milhões de pessoas, nas mais conservadoras estimativas, pois se fala em 50 a 100 milhões de mortos, antes de a pandemia desaparecer tão misteriosamente quanto surgiu, em outubro do mesmo ano, de acordo com a imprensa à época.

Fala-se que uma nova pandemia da H5N1 será inevitável, e não foi outra a razão que conduziu Johan Hultin à aldeia esquimó, onde jaziam os corpos preservados que poderiam responder adequadamente às indagações que os cientistas não se cansavam de fazer, pois os anos de 1957 e 1968 também sofreram pandemias – a média do intervalo parece estar em aproximadamente 27 anos e meio, mais de quarenta tendo se passado desde a última: a gripe espanhola foi uma gripe aviária?

A morte de Lam Hoi-Ka poderia não ter sido a primeira das seis registradas, mas a primeira de milhões, caso os procedimentos das autoridades de saúde não tivessem sido os que foram, pois um vírus mortal saltara a barreira entre as espécies, liberado pela manipulação que os homens insistem em realizar em sua busca incessante por mais e maiores lucros.

O menino, com apenas 3 anos, teve dor de garganta e dor de barriga.

Em 14 de maio de 1997, Lam Hoi-ka foi admitido no Queen Elizabeth Hospital com febre, e apenas uma semana depois foi declarado morto. As causas de morte listadas foram: insuficiência respiratória aguda, insuficiência hepática aguda, insuficiência renal aguda e "coagulopatia intravascular disseminada". Basicamente, no topo da falência de múltiplos órgãos, seu sangue havia coagulado. O que todos sabiam: os seres humanos ficavam doentes de H1, H2 e H3, mas a cepa encontrada a partir da garganta de Lam Hoi-Ka era inteiramente desconhecida. Amostras foram enviadas para a Inglaterra, para os Estados Unidos e para a Holanda, sendo os holandeses os primeiros a descobrir: o menino havia sido morto por um vírus H5, o H5N1. O mundo científico ficou chocado porque o conhecimento científico abrigava a informação de que o H5 causava doenças em aves, não em pessoas. A situação prenunciava uma pandemia. As ações foram rápidas, pois é assim que começa: um vírus saltou diretamente das aves para os seres humanos e, de acordo com o que se pensava, isso nunca havia acontecido antes em toda a história.

Por isso, as investigações na pequena aldeia congelada eram importantes. Para tentar esclarecer, de uma vez por todas, se "nunca antes na história" era uma ficção, uma leda ilusão ou alentadora realidade.

Leda ilusão. A pandemia que em 1918 matou mais gente e mais rápido que qualquer outra doença, ou qualquer outra coisa, a mais devastadora doença que o mundo jamais conheceu, foi, sim, uma gripe aviária. Os resultados dos estudos foram publicados em 2005. Foer nos diz que certeza não há, mas alerta: as maiores ameaças de saúde enfrentadas atualmente têm tudo a ver com a saúde dos animais de criação, sobretudo das aves.

* * *

Volto ao meu peru. Não sei por que o meu sonho o elegeu, pois lembro-me de seus dedos pela metade com o horror de quem nunca viu coisa assim, muito mais típica de cotos em mãos leprosas, nos filmes em que Hollywood resolve aloprar. O meu peru me seguia e comia os pedaços de seus dedos que com ele eu repartia. Isso deve ter algum significado. Alguma coisa que eu não consigo apanhar no ar parece ter visitado a minha alma horrorizada. Não há paralelo para o alívio que senti quando as coisas se revelaram sonho, e nada explica eu saber que precisava correr para escrever (para garantir a lembrança integral) e não o ter feito.

Havia, lá no meio, bem no meio do pesadelo, uma revelação importante. Foi exatamente essa revelação a primeira coisa de que me esqueci.

* * *

Agora, algumas receitas com alegria. Sem bichos ou mortes de qualquer tipo. Celebrando a vida.

Começo com patês e vou para uma sopa gelada. Depois, faço uma salada. O leitor escolhe qual patê e qual salada, mas a sopa eu escolhi.

Asso 2 beterrabas, molhadinhas com azeite, e amasso-as repetidas vezes com um garfo (no processador é mais rápido), acrescentando 2 colheres (chá) de noz-moscada ralada (ou em pó), além de sal (prefira marinho) a gosto. Vou acrescentando azeite extra virgem aos poucos, emulsificando ou emulsionando (quando se misturam substâncias oleosas com outras não oleosas, cria-se uma terceira textura, pastosa). É muito bom esse ***Patê de beterraba***, mas gosto muito também de um ***Patê de castanhas*** (*do Brasil* ou *do Pará*).

Deixo de molho em água 1 xícara (chá) de castanhas cruas e depois as misturo no processador (prefiro processador a liquidificador, por causa do aspecto) com as raspas da casca de 1 limão (galego, cravo, taiti ou siciliano) e 2 colheres (sopa) de suco desse mesmo tipo de limão, além de um pouco de levedura de cerveja em pó (2 colheres de chá são suficientes). Ponho também sal, a gosto. Mexo e remexo, até ficar uma pasta homogênea. Finalizo misturando cebolinha e salsa bem picadinhas, a gosto, e uma pitada de estragão. Por causa das propriedades da castanha, sempre meio adocicada, é bom verificar se o sal está do seu gosto. Sempre ponho um pouquinho mais e sempre uso sal marinho.

Quando quero partir logo para um festival de patês, faço também aquele delicioso ***de mandioquinhas*** (há outra receita, logo ali), amassando-as com um garfo, várias vezes, temperando com sal, curry em pó (aquele tempero indiano com gostinho bem diferenciado) e emulsionando (emulsificando) com azeite extra virgem. Vai bem um verdinho bem picadinho, enfeitando.

Sopa gelada

Que tal uma sopa gelada? Nunca tomou? É leve, gostosa, simples, pois leva tomates, pepino, azeite, alho, torradas e pimentão. Pego algumas torradas (três ou quatro, ou cinco, seis... depende de quantos vão comer, depende da fome) e molho com azeite. Reservo. Bato no liquidificador uns 600 g de tomates bem maduros, alho (a gosto), pepino (um pedaço), pimentão vermelho e água (pouca, mais ou menos 1/2 copo), acrescentando a seguir as torradas. Passo na peneira. Guardo na geladeira e sirvo geladinha, com torradinhas boiando. Rego (sempre) com azeite. Todo mundo gosta.

Salada de romã

Pego 1 romã, 100 g de espinafre, folhas de escarola ou endívia, 1 pé de alface crespa pequeno, 1 abacate, suco de 1/2 limão, 50 g de brotos de feijão, 2 cenouras em rodelas finas, 2 talos de salsão em pedaços de 2 cm, 1 maço pequeno de cebolinha picada, 4 colheres (sopa) de azeite, 1 colher (sopa) de vinagre, sal e pimenta-do-reino a gosto. Deixo tudo à mão, para facilitar.

Retiro as sementes da romã e reservo. Corto o abacate ao meio, elimino o caroço, descasco-o, pico-o em cubos e junto o suco de limão. Reservo. Rasgo as folhas (se quiser bastante sabor, não as corte com faca, rasgue-as – vá por mim!) e reservo. Preparo molho vinagrete: misturo o vinagre, o sal e a pimenta e, com um batedor, acrescento o azeite aos poucos. Quando o molho está homogêneo, junto a cebolinha. Misturo a cenoura, o salsão e o broto de feijão com os ingredientes reservados e rego com o molho apenas na hora de servir. Quando quero enriquecer a salada, adiciono azeitonas inteiras por cima. Salpico as sementes de romã e decoro com cebolinha verde.

Salada de lentilhas 1

Faço uma salada deliciosa com 300 g de lentilhas, 1 cebola cortada ao meio, 1 folha de louro, 2 batatas cozidas e cortadas em cubos, 150 g de cenouras pequenas, 1 vidro de espigas de minimilho cortadas em rodelas, 6 pepinos em conserva cortados em rodelas, 2 talos de cebolinha, 1 maço de salsa picada, 5 colheres (sopa) de azeite, 2 colheres (sopa) de vinagre, sal e pimenta-do-reino a gosto. Ponho mais um pouco de cebolinha cortada em rodelas para decorar. Como é que eu faço?

Lavo as lentilhas e deixo-as de molho durante 5 a 6 horas numa tigela. Escorro-as, coloco-as numa panela com água suficiente para cobri-las, junto a cebola e a folha de louro. Levo ao fogo e cozinho, em fogo médio, por cerca de 40 minutos ou até que as lentilhas estejam macias. Reservo. Escorro as lentilhas reservadas, descarto a cebola e o louro, e coloco-as numa vasilha. Tempero com metade do molho vinagrete feito do seguinte modo: misturo o vinagre, o sal e a pimenta e, com um batedor, acrescento o azeite aos poucos, até o molho ficar homogêneo. Reservo. Acrescento os demais ingredientes às lentilhas, misturando com cuidado, e tempero com o molho vinagrete restante. Enfeito a salada com cebolinha em rodelas e sirvo gelada. Sabe como fica ótimo? Deixo as lentilhas molhadas em um vidro, fechado com filó ou tela, até germinarem (não as cozinho). Misturo-as aos demais ingredientes.

Salada de lentilhas 2

Conheço uma outra salada de lentilhas em que uso 1 xícara (chá) de lentilhas cozidas em água e sal, ou a mesma quantidade de trigo inteiro, 1 maçã verde, 1 pera vermelha, suco de 1/2 limão, 1 romã, 2 kiwis em cubos, 1 laranja-da-baía cortada em cubos e folhas de alface crespa. Preparo um ***Molho de maionese vegana*** com 2 colheres (sopa) de creme de leite de soja, 1 colher (sopa) de suco de limão, sal e pimenta-do-reino moída na hora. Então, corto a maçã e a pera em cubos, sem descascá-las, rego-as com o suco de limão (se não fizer isso, elas escurecem). Descasco a romã e acrescento as sementes. Junto os kiwis, a laranja. Tempero a salada com os ingredientes do molho previamente misturados. Arrumo numa saladeira a alface, as lentilhas ou o trigo e os demais ingredientes misturados. Sirvo a seguir.

Molho Golf para saladas

Misturo, até ficar homogêneo, 1/2 colher (chá) de mostarda, 1/2 xícara (chá) de maionese vegana, 1/2 xícara (chá) de ketchup, 1/2 xícara (chá) de creme de leite de soja, 25 ml de conhaque, 1 pitada de sal.

Salada fresca

Uso 1 alface americana, 1 cenoura, 1 lata de milho cozido no vapor, azeite, vinagre e sal a gosto. Corto a alface em tirinhas finas, descasco (raspo delicadamente apenas) a cenoura, ralo no ralo fino, abro a lata de milho e, num pirex, coloco a alface, por cima a cenoura ralada, o milho e tempero a gosto com azeite, vinagre e sal. Só tempero na hora de servir. Essa salada vai bem acompanhando um sanduíche.

Gosto muito com frutas também. Uso 1/2 maço de alface crespa lavado e cortado, 2 xícaras (chá) de agrião, 1 maçã vermelha madura e 2 tangerinas. Preparo um molho com 2 colheres (sopa) de creme de leite de soja ou de tofu batido com gotas de limão e água, 3 colheres (sopa) de ketchup, 2 colheres (sopa) de azeite, sal a gosto. Corto a maçã em cubos, mantendo a casca. Descasco as tangerinas e separo os gomos, cortando-os ao meio e retirando as sementes. Numa travessa, misturo as folhas e arrumo as frutas por cima. Misturo todos os ingredientes do molho numa vasilha e bato com um garfo até conseguir uma mistura homogênea. Mantenho o molho na geladeira. No momento de servir, despejo sobre a salada.

Salpicão especial

Ingredientes: 1 xícara (chá) de tofu fresco cortado em pedaços não muito pequenos, 3 batatas cozidas, 2 cenouras cozidas, 2 talos de salsão picados, 2 maçãs verdes picadas, 1 xícara (chá) de palmitos cortados em rodelas ou cubos, 1/2 xícara (chá) de ervilhas frescas ou congeladas refogadas, 1 maço de alface americana cortado em pedaços pequenos (rasgo com as mãos), 100 g de nozes quebradas em pedaços grandes, suco de limão, 1 xícara (chá) de maionese vegana ou mais se desejar, azeite de boa qualidade, sal e pimenta a gosto.

Preparo a salada misturando com cuidado os ingredientes, exceto a maionese, e temperando. Finalmente acrescento a maionese. Sirvo no centro de uma travessa ladeada com folhas verdes (alface, agrião etc.). Se desejar, acrescento castanhas, amendoins, pedacinhos de abacaxi, uvas-passas. Depende do meu desejo.

CAPÍTULO XLIX

Mamaia

Lembrou-me agora a dona Virgínia, que eu chamava de mamaia. Era um grande amor da minha infância, minha mãe supletiva, pela minha imaginação. Vizinha de cerca, era praticamente a única pessoa com quem minha mãe conversava, sempre vestida de tristeza. Pela cerca.

O cachorro dela chamava-se Rust (e o meu, Piloto), a filha, nove anos mais velha do que eu, Inês, o marido, Seu Antônio. Eu vivia lá. Podia ir lá. Entrava sem pedir licença e houve época em que havia um buraco na cerca, depois muro (e até no muro havia uma passagem, depois fechada), finalmente um muro aumentado em 50 centímetros, por conta das brigas entre minha cunhada, recém-chegada a casa, e mamaia. Quando de colo, emburrado com minha mãe, trocava os nomes: "Isso mamaia" (apontando para minha mãe), "isso mamãe" (apontando pra mamaia). Depois, quando entrava pelo portão, logo gritava: "Mamaia, me dá uma coisinha?" E tome maçã, bolo, o que houvesse. Mamaia gostava de mim, eu acho, devia gostar sim. Eu a adorava.

Essa é uma das lembranças mais queridas da minha infância. Havia vizinhos naquela época (hoje nem mais), e os vizinhos eram os familiares, a rua inteira era uma família (no quarteirão), com diferentes graus de parentesco e, portanto, de proximidade.

Aos domingos, mamaia preparava galinha. Eu ia ver. Seu Antônio ia à feira e comprava uma galinha viva, que ficava esperando. Quando arranjava um tempinho na lida, mamaia a deitava no chão, pés amarrados, colocava um cabo de vassoura sobre o pescoço dela, que piscava os olhos, abotoando-os ("Sai, Clarice!"), enquanto fazia um murmurejo (*Dio!* Que nome dou àquilo?) rouco, assustado. Mamaia então pisava no cabo de vassoura, prendendo bem o pescocinho dela, pegava os pés da ave e puxava-os com força. Um espanejar rápido quase sempre e – pronto! – na maioria das vezes estava morta, pescoço quebrado. Ocasionalmente, depois de retirar o cabo de vassoura, ela se debatia ainda, na agonia da morte, aos pulos, descontrolada. Mamaia abandonava-a lá, até parar.

Então, mamaia pendurava-a de ponta-cabeça no varal de roupas, para que o sangue todo fosse para o pescoço. Só umas duas horas depois é que a galinha era depenada com água fervente. É que o Seu Antônio, geleiro de boa reputação em toda Santos (nos tempos em que geladeira se fabricava com pedras de gelo em armários ou em buracos sob a pia), gostava de comer a cabeça com o pescoço cheio de sangue, entumecido, macio, acompanhado por arroz branco, que pequenos pedaços de tomate, cozidos junto, coloriam. O sangue era negro.

Tudo isso eu via e a tudo assistia sem nenhum recuo. Achava que era assim, que era certo.

Soube também que minha mãe, mesmo com toda a sua tristeza, um dia intentara o mesmo. A galinha, recusando-se a morrer, com o pescoço destroncado, perseguiu-a pelo quintal (assim ela imaginou, enquanto se trancava dentro de casa, apavorada), cabeça caída, olhos parados, súplices. Foi a única vez. Não podia depois nem sequer se lembrar disso.

Era assim que era. Ninguém jamais imaginou que uma galinha se transformaria hoje em uma coisa que nem morrer sabe, pois só tem trinta dias de vida; ninguém jamais pensou em criação industrial para abate. Ia-se à feira, escolhia-se apalpando sem nenhum pudor suas entranhas, sentindo o peso, galinha caipira de sotaque e tudo.

Esquece isso! Vai uma receitinha aí? Sem sangue? Sem mortes? Hoje é melhor nem pensar em qualquer coisa que imite aquilo. Legumes à granel, isso sim, um brinde à vida.

Vou agora para a cozinha e coloco todos os legumes que há na geladeira numa panela que cozinha a vapor.

* * *

Pensando melhor, hoje não é dia para receitas. Depois dessas lembranças, fome zero, como uma política de governo.

Fora! Fui!

Não quero saber de receitas depois do horror.

CAPÍTULO L

As aves de "corte"

Acho que os meus prezadíssimos leitores se lembram da história do "restaurante natural" e do dia em que o Zé Luís me levou ao "Bar da Conceição-Cruz-Credo", que era vegetariano e tal...

Bem, depois da história da *mamaia*, acho que essa coisa do franguinho saudável tem mais é que ser desbastada. A farsa pode continuar, mas por mim *no pasarán*, nem passarinho. É isso, poeta.

Creio que foi na década de 1940 que a indústria da criação de aves pensou a genética como solução e, com a ajuda do USDA, lançou um concurso para a Galinha do Futuro, almejando criar uma ave com mais carne de peito e que demandasse menor quantidade de alimentação. A vitória coube ao cruzamento da Cornish com a New Hampshire, e isso acabou mudando completamente toda a criação. Surgiram na década seguinte duas galinhas distintas, a de corte e a poedeira.

Foi também na década de 1940 que as drogas à base de sulfa e antibióticos foram introduzidas na alimentação das galinhas, estimulando o crescimento e controlando as doenças causadas pelo confinamento. Aumentava a quantidade de aves no confinamento, aumentavam as doses de antibióticos e de hormônios de crescimento. É esse mix de carne, sulfa, antibióticos e hormônios de crescimento que perfaz a comida que colocamos na boca dos nossos filhos.

Entre as poedeiras, quando a sua produção de 300 ovos por ano diminui, são levadas para abate. Os produtores descobriram que é mais barato colocá-las nas gôndolas de carne *de frango* do que alimentá-las, com baixa produção. É mais barato começar um novo plantel. Isso, inclusive, barateia a carne *de frango* nos mercados.

Entre as de corte, tão jovens quanto seria impossível prever na década em que foram criadas, assiste-se a aves impossibilitadas de andar, em função do peso de seu peito, desproporcional ao que podem suas pernas suportar, pernas que se quebram, frágeis demais para uma formação física que a genética não soube prever.

Pior que tudo: essas aves grotescas, uma criação humana, são agora as únicas criadas para consumo. São galinhas industriais, a febre que começou nos anos 1940 nos Estados Unidos, chegou a nós, juntamente com a Tyson, a gigante da indústria aviária (já se ouve falar nela, e não apenas nos documentários militantes, como o *Food, Inc.*), uma das duas companhias que, juntas, possuem as patentes genéticas de todas as galinhas para consumo do planeta. Isso mesmo! Não é mais Deus, ou a Natureza, ou o Universo.

A biodiversidade foi substituída pela uniformidade genética. Come-se engenharia, a comida-conceito.

Depois disso, não há apetite que sobreviva. Vou tentar polenta, coisa das antigas avós que nem suspeitavam o que seria feito com o milho nos tempos de hoje. Que descansem em paz!

Eu gosto muito de ***Polenta***. Mole, dura, em ponto de corte, para fritura... Polenta é tudo de bom. Comida de subsistência, de sobrevivência. Diz o mito que os imigrantes italianos a faziam. Fubá era rápido de fazer, batia-se o milho no pilão, a filharada comia, garantia a *sustância* de cada dia. Depois, virou coisa boa, *gourmet*, feita pelos *oriundi* mesmo quando há fartura de outros alimentos na despensa.

Pode ser feita com inúmeras combinações, com pouco ou nenhum tempero.

Meu irmão dizia que nossa mãe fazia só com água e sal. O segredo era o molho, que de tão ácido fazia cócegas no céu da boca: extrato de tomate passado no refogado de alho bem douradinho, em óleo de amendoim, o único que ela usava, pois não suportava o de soja e a banha ela usava no arroz, no feijão. Um tico de água, porque o molho era esse, basicamente.

Cresci e aprendi outras receitas, mesmo porque aquele molho nem eu, nem meu irmão jamais conseguimos fazer. Não com aquele sabor. Comida de mãe, sabe?

Esta receita é muito boa. Uso 2 copos de leite de soja, 1 1/2 copo de fubá, 3 copos de água, 2 colheres (sopa) de creme vegetal (no lugar das margarinas e da manteiga; pode usar azeite extra virgem, se preferir), sal, 1 dente de alho, pimenta a gosto.

Misturo o leite de soja e o fubá, dissolvendo aos poucos o fubá. Ponho a água no fogo, em uma panela grande, e acrescento essa papa, vagarosamente, mexendo sempre com uma colher de pau. Junto os demais ingredientes, mexendo até engrossar, garantindo assim uma massa bem lisa. Quando fica grosso, tampo a panela e deixo cozinhar por 30 minutos, aproximadamente. Coloco em refratário e deixo esfriar.

Posso também fazer polenta de micro-ondas. Uso 1 xícara (chá) de fubá, 500 ml de água fria, 500 ml de água fervente (5 minutos em potência alta), sal a gosto.

Dissolvo o fubá na água fria, acrescento a água fervente já com os temperos e levo ao forno micro-ondas por 10 a 12 minutos na potência alta. Mexer duas vezes (aos 5 e aos 10 minutos). Se a polenta for para fritar, deixo de 12 a 14 minutos (a variação de tempo se deve aos diferentes tipos de forno).

Uma polenta rápida, embora tradicional, também pode ser com 2 xícaras (chá) de fubá pré-cozido, 6 xícaras (chá) de caldo de legumes coado (6 xícaras equivalem a 1,2 litros) e sal. Só.

Misturo o fubá com o caldo de legumes morno. Levo ao fogo, mexendo sem parar. Quando engrossa, deixo no fogo por mais 3 minutos. Prefiro o caldo de legumes feito em casa, mas, se não tenho no freezer preparado previamente, ou não tenho tempo, uso os cubinhos de caldo de legumes, preparados conforme indicação do fabricante.

Quando tenho muitos convidados, faço um panelaço com um pacote de 500 g de fubá, uma panela com 5 litros de água, sal e 1 dente de alho amassado na água (fria, pois não quero encaroçar tudo e depois ser obrigado a passar na peneira). Mexo, mexo e remexo. Quando ferve, deixo no fogo por 50 minutos (já não preciso mexer mais). Despejo tudo num refratário bem grande, espero começar a esfriar antes de servir.

Qualquer que seja o caso, não recomendo o molho da minha mãe. Embora seja, de longe, o mais delicioso, nunca consegui fazê-lo. Pertence aos mitos da infância. É coisa íntima, não cabe a mais ninguém. Aconselho molho à bolonhesa (com proteína texturizada de soja), ao sugo, com alfavaca ou basílico (sabe fazê-los, não sabe?), molho pesto de azeitonas (azeitonas verdes batidas com salsinha, alho e azeite, transformadas em pasta numa boa caçarola). Também acho que os molhos ácidos combinam bem com a delicadeza da polenta, jogando tofu seco defumado ralado por cima, no próprio prato.

CAPÍTULO LI

O consumo consciente

Virei sabujo. Não perco mais um só rótulo, farejo o perigo, pois o leitor sabe que todas as vezes em que me descuidei, a coisa estava lá. Na última vez foi mesmo o quê? Só sei que ao ouvir a voz medida da minha filha perguntando, com doçura e admoestação, se eu havia lido o rótulo, quase engasguei. Havia leite em pó entre os ingredientes.

Ela não é vegana, nem mesmo vegetariana, embora tenha reduzido drasticamente o consumo dessas coisas de bichos para não sofrer o bullying paterno, mas creio que me julga favoravelmente (acho até que tem um certo orgulho de ter um pai assim todo "estranho", e bota estranho nisso, porque a coisa não fica no veganismo). Ela, toda certinha; o pai, absolutamente desvairado (ao menos no conceito dos certinhos, aqueles que explodiram Hiroshima e Nagasaki). Ela zela pelo meu veganismo. Quem mais pode vangloriar-se de ter uma filha assim?

Quando estamos sozinhos, podemos tudo, não é? Ninguém vê o que fazemos, o que compramos, o que consumimos.

Eu posso ir a uma pizzaria e comer a redonda que eu quiser.

Posso ir a uma... e aceitar todas as ofertas dos garçons, espeto após espeto.

Posso, sossegadamente, ir a um supermercado e escolher delícias onívoras para devorar em um boteco qualquer, e no boteco posso me empapuçar com pasteis e empadas dos mais diversos tipos.

Posso, e escolhi não fazer isso.

Participo desse trabalho de formiguinha, participo com um centavo a menos na contabilidade das indústrias. E daí que é pouco? Faço a minha parte e não sofro de desalento por saber que isso não mudará o mundo. Preciso de milhões de outros galos cantando a manhã, para que os fios de galo se cruzem e teçam um futuro melhor (certo, João?), um futuro isento, sem necessidade de sofrimento animal, desligando-me do predador ancestral que, pelo menos, buscava bisões nos felizes campos de caça de seus antepassados. Sempre com muita ética, é preciso dizer, esse incômodo de que a sociedade industrial soube livrar-se com tanta competência.

Bateu fome e quero um prato delicioso: ***Moqueca de palmito***. Ainda bem que comprei palmito, "toletões", pois moqueca com palmito fininho não tem graça.

Pego uma frigideira dessas bem côncavas, com tampa de vidro, e despejo 1 cebola batida levemente no liquidificador com 4 dentes de alho sobre 3 colheres (sopa) de azeite extra virgem, já bem aquecido. Refogo, refogo e refogo. Duas colheres (sopa) de azeite de dendê vão oferecer um sabor muito especial, além de um colorido lindo. Acrescento 1 xícara (chá) de caldo de legumes, mexo bem, e acrescento as rodelas de palmito, não muito grossas. Assim que estiver fervendo, coloco 1 vidro pequeno de leite de coco. O melhor mesmo seria extrair pessoalmente o leite do coco ralado (só ralar, colocar num pano limpíssimo e torcer, para tirar o leite), mas...

Para terminar, acrescento outra xícara (chá) de caldo de legumes, onde hidratei 2 colheres (sopa) de algas marinhas. Mexo tudo levemente, corrijo o sal e enfeito, por cima, com rodelas de pimentão vermelho fritas em azeite. Isso é muito bom.

Se preferir, coloque o pimentão no refogado inicial. Ficará com sabor mais forte de pimentão.

Ah! Pimenta não pode faltar, se você gosta dela. E bastante. Pode ser comari ou do reino, moída na hora. Invariavelmente, salpico cheiro-verde picadinho, isso é sempre a gosto (eu prefiro coentro, há quem não goste e escolha salsa ou cebolinha). Algum problema?

CAPÍTULO LII

Ácido hialurônico, glycoliv e revitalin

Agora me diz: como é que eu faço para aceitar que durante o banho eu me esqueça do que são feitos os sabonetes? Como faço para vestir uma roupa limpinha, sabendo que o sabão que a lavou estava sujo de sangue?

Cremes hidratantes são substâncias muito importantes no dia a dia, pois a escamação espreita – credo! – com todos os seus incômodos. Então, como usar esse produto, sabendo que foi "dermatologicamente testado", esfregado nos olhos dos coelhos e na pele de ratos?

Sim, eu sei. Tudo fica difícil, fica cada vez mais. Se eu pensar nessas coisas todas, como faço para executar minhas tarefas no cotidiano da vida em sociedade urbana?

Mas é pegar ou largar, é inarredável: não dá para conciliar duas atitudes díspares com facilidade. Ser vegano e tomar banho com sabonetes comuns, feitos de animais, ser vegano e lavar as roupas com sabão feito de sebo, pura gordura animal, sem crises de consciência, é paradoxo que só a hipocrisia pode recomendar.

Assim, faço eu mesmo meus sabonetes, quando quero baratear seu custo, e também o sabão com que minhas roupas são lavadas. Faço o sabão que lava as louças ou, pelo menos, o sabão com que lavo louça quando estou na cozinha, uma casa heterogênea, com pessoas de diversos matizes: conviver é preciso e é bom. Invadir espaços é preciso; fazê-lo com vagar é estratégico.

Fico também de olho nos rótulos, como sempre. Ácido hialurônico é obtido da crista dos galos, na maioria das vezes, embora também possa ser obtido da fermentação de açúcares, coisa difícil de saber. Como saber? Melhor evitar. *Colágeno* é substância bovina, obtido de ossos e tendões, assim como a *elastina*. É do tecido conjuntivo animal que vem a *pentaglycan*, enquanto a *placenta* vem da placenta fetal bovina. *Squalane* vem do fígado dos tubarões, assim como do fígado bovino vem a *glycoliv*. *Revitalin* é obtido de uma fração aquosa do baço bovino; *peptídeos*, do timo; fração aquosa, do timo de vitelos. *Espermacete* é um óleo obtido das cavidades cartilaginosas do crânio das baleias cachalotes e *chotosan* é um polissacarídeo encontrado no exoesqueleto de caranguejos. E então, prezado candidato a vegano, está se sentindo cercado?

Claro que cuidados corporais são devidos, especialmente quando a pele dos animais não está na reta. Existem produtos livres de crueldade, internacionalmente conhecidos, os *cruelty free*. Faz tempo que a militância os garimpa e também faz tempo que existe uma luta para dar combate à exploração animal, presente na grande maioria das coisas de que nos valemos no mundo do consumo. Chega a ser inacreditável a gama de produtos que utilizam animais em sua composição.

As empresas, conscientes dessa movimentação ativista, sonegam o quanto podem as informações. São evasivas, valem-se de códigos obscuros, o lucro está em jogo. Entretanto, se nos negarmos a comprar esses produtos manchados, as pesquisas resolverão os problemas industriais. Nós, vegetarianos, *strictu* ou *lato sensu*, queremos produtos. Existe um nicho consumidor em nós e muito lucro pode ser obtido pelas empresas se os seus executivos míopes não fincarem o pé obstinadamente na utilização dos bichos como ingredientes cosméticos. Afinal, nenhum teste em animais traz segurança ao consumidor humano; substâncias inócuas na pele ou couro de coelhos, cavalos e chinchilas de maneira alguma terão de se comportar de forma inócua na pele humana, pois há formidáveis diferenças entre uns e outros. A mortandade precisa parar.

In vitro é uma alternativa para avaliação e baterias de testes de uma substância, pois cada sistema pode ser testado separadamente, assim como se podem testar as substâncias simultaneamente em mais de um sistema, em cocultura, afirma Sérgio Greif, biólogo coautor dos livros *A verdadeira face da experimentação animal: a sua saúde em perigo* e *Alternativas ao uso de animais vivos na educação: pela ciência responsável*, de acordo com o que leio na *Revista dos Vegetarianos*, a fonte de que me servi também para esquadrinhar os rótulos industriais.

Para Greif, não há motivos para fazer testes em animais porque existem muitas outras alternativas, até mais confiáveis, e "características físico-químicas da substância podem ser estudadas em computador. Seu perfil pode ser comparado ao de outras substâncias conhecidas e, dessa forma, é possível prever algumas reações que o organismo humano pode apresentar. O computador também pode prever, com base nesses dados, de que forma a substância se distribuirá no organismo, como ela será mais bem absorvida e em quanto tempo e por onde será eliminada. O uso de placentas vindas de maternidades pode nos ajudar a entender de que forma a substância atravessa membranas biológicas".

Sabe fazer ***Sabão vegetal***, meu amigo?

Utilizo óleo vegetal usado, pois é assim que entendo a reciclagem. Se quiser, pode usá-lo ainda virgem. Quando faço, utilizo um mínimo de 5 litros de óleo, que juntei aos poucos, ml por ml, a partir das frituras da cozinha de minha casa. Por algum tempo, vali-me do óleo usado em restaurantes vegetarianos. Basta pedir, eles dão, gentilmente, pois livram-se ao mesmo tempo de uma substância perigosa para a ecologia se for dispensada de forma incorreta. Como? Por que de restaurantes vegetarianos? Ora, não queremos óleo resultante da fritura de animais, queremos?

Para fazer sabão, tudo é frio. Junto a cada galão de 5 litros de óleo apenas 1 litro de soda cáustica líquida, além de 1 frasco de 60 ml de essência perfumada. Uso para isso um desses baldes plásticos de 20 litros.

Mexo e mexo com uma vareta de madeira que reservei exclusivamente para esse fim, enquanto a mistura se solidifica, iniciando o processo da saponificação. Então, despejo em fôrmas, espero secar (por uns cinco dias) e corto em pedaços. Qual o "ponto"? A mistura estará pronta para ser enformada quando levanto a vareta e percebo que o produto está grosso, permitindo fazer riscos na superfície da mistura no balde. Para a lavagem de louças, dispenso as essências perfumadas, mas posso utilizar alguma, como de limão, por exemplo. Espero ainda alguns dias antes de utilizar o sabão, para que ele fique bem firme, duro mesmo, permitindo economizar na sua utilização e garantindo que o produto reduza sua alcalinidade.

Como fôrma, utilizo embalagens *tetrapack* de sucos, leites de soja etc. Lavo-as bem, corto completamente a parte em que fica a abertura e despejo a substância obtida no processo de saponificação, já bem quente (porque ela esquenta durante o processo químico) e com cuidados especiais, luvas, calças velhas, se possível óculos protetores, pois a soda cáustica pode causar horríveis queimaduras (se houver qualquer contato com a pele, é preciso lavar com água abundante). Depois de seco, e após algum tempo, o sabão não mais causará nenhum mal, salvo os males que qualquer sabão em pedra possa causar a pessoas alérgicas.

Experimente. Espuma que é uma maravilha e lava uma louça que os detergentes industriais invejam.

***Sabonete vegetal*?**

Mais divertido ainda.

Compro glicerina vegetal (Perigo! Há vendedores que pensam que toda glicerina é vegetal ou agem de má-fé), corto em lascas e derreto no forno de micro-ondas, em embalagem de vidro ou plástica, ou no fogão convencional, sobre a chama, em panela de ferro esmaltado. Acrescento essência perfumada (que adquiro na mesma casa comercial em que comprei a glicerina) e despejo em fôrma especial, comprada no mesmo lugar. Só esperar endurecer, desenformar e embrulhar um a um em papel celofane.

Opção? Existe uma fábrica no Sul (não vou dizer a marca não!) que faz excelentes sabonetes vegetais, à venda em praticamente todas as farmácias e supermercados de São Paulo, embora sejam mais caros que os convencionais.

Com os sabonetes artesanais, o custo é bem inferior e dá também para ganhar um bom dinheirinho extra. Mãos à obra.

CAPÍTULO LIII

O alimento

Deus disse: "Eis que vos dou toda a erva[...] que dá semente sobre a Terra [...]. Esse será seu alimento".

Não sou Ozzy Osbourne, João Gordo, Billie Armstrong, Bono Vox, Kurt Cobain, Depeche Mode, Peter Gabriel, River Phoenix, Prince, Justin Timberlake, Joaquin Fenix ou Paul McCartney. Também não me chamo Rita, nem Santoro. Mike Tyson nunca ouviu falar de mim. Mas eu integro esta lista. Somos muitos, uns famosos, outros anônimos. Queremos um pouco mais da vida, um pouco mais de vida.

Tenha uma ideia melhor: entre na internet (conhece o Divino Oráculo Google?) e digite *vegetarianos famosos*. Prepare-se para um choque. Há mais, ao longo da história, de Da Vinci a Albert Einstein, com inúmeros desconhecidos ao lado, multidões anônimas; a luta é antiga e difícil.

"Mas está na Bíblia, a Palavra garante que devemos nos servir dos animais como alimento", afirmam os *tementes*. Sim, até a Bíblia fala sobre a questão da alimentação, mas é preciso lê-la, não somente citá-la, de ouvir dizer:

> **Gênesis, Capítulo 1, versículos 29 e 30:**
> Disse-lhes mais: "Eis que vos tenho dado todas as ervas que produzem semente, as quais se acham sobre a face de toda a Terra, bem como todas as árvores em que há fruto que dê semente; ser-vos-ão para mantimento.

"E a todos os animais da Terra, a todas as aves do céu e a todo ser vivente que se arrasta sobre a Terra, tenho dado todas as ervas verdes como mantimento". E assim foi. (Bíblia On Line - Evangélica)

E Deus continuou a falar: "Eis que vos dou toda a vegetação que dá semente, que há na superfície de toda a Terra, e toda árvore em que há fruto de árvore que dá semente. Esse será seu alimento.
"E a todo animal selvático da Terra, e a toda criatura voadora dos céus, e a tudo o que se move sobre a Terra, em que há vida como alma, tenho dado toda a vegetação verde por alimento". E foi assim. (Bíblia Aberta)

Leitor pacientíssimo, perdoe-me. A questão é toda de gramática, de predicação verbal. Pobres bichinhos, se suas vidas dependem da escolaridade e do bom senso do leitor devoto. Se serve de alimento, serve de alimento a algo, a alguém. O verde foi dado como alimento aos homens, aos animais selváticos, às criaturas voadoras e a tudo o que se move. É isso que está ali, nas duas versões citadas.

Alguns, entretanto, leem:

Aos homens foi dado o verde como alimento, também lhes foram dados os animais, as aves e todos os outros seres para... comer.

A interpretação de textos fica manca se padece o leitor de conhecimento gramatical.

E tome mais o Livro de Josué, 5:10, Mateus 4:18 e Isaías 66:3.

"Mas a Bíblia até diz que animais podemos e quais não devemos comer", ainda apelam os carnivoristas, com a boca cheia de saliva. Sim, isso também é verdade. Mas só após o Dilúvio, foi não? Quando faltou o essencial.

Hoje, ao contrário, nos corredores dos supermercados, podemos escolher. As ofertas contemplam milhares e milhares de produtos e, apesar de a maioria estar impregnada de sofrimento, é possível encher carrinhos e carrinhos de compaixão e generosidade.

Que a terra nos seja leve.

Amém!

Que tal um ***"Shake" de amoras***?

Bato no liquidificador 5 folhas fresquinhas de capim-limão,

de erva cidreira ou de hortelã, com 1 xícara (chá) de água. Coo e recoloco no liquidificador. Acrescento as frutinhas e 1/3 de garrafinha de leite de coco. Depois de bem batido, coloco em uma taça e derramo um fio de xarope de agave, ou de cassis, sobre a mistura. Enfeito com uma folhinha da erva que utilizei e um pouco da frutinha escolhida em calda, que preparei previamente, cozinhando frutas em calda de açúcar em ponto de fio.

Se desejar a tal da "sustância" em doses maiores, utilize leite de soja bem gelado no lugar da água filtrada.

CAPÍTULO LIV

Bem-estar: outro dilema

Essa coisa do veganismo carrega uns destinos quase certos. Primeiro, você fica *encanando* com o alimento isento de crueldade. Depois, fica pensando nos alimentos saudáveis. Entram em cena os integrais e, em seguida, os orgânicos. Depois, começam a sair de cena os industrializados, até mesmo os veganos, como a proteína texturizada de soja. É um estágio interessante.

Claro, nada se parecerá com a escolha original, a eliminação da proteína animal banida para sempre em nome da ética e da compaixão.

Podem continuar certos excessos, como os de carboidratos, mas entram no cardápio sementes, chias da vida e nutrelas, quinoas de todas as cores, prótons, nêutrons, elétrons. Luzes para um sorriso!

Os modismos vêm e vão.

Os óleos mais diversos se aproximam e se retraem. Métodos e técnicas de cozimento, só comidas cruas, só frutos, só tubérculos e sóis empacotados. Arrozes vermelhos, pretos, brancos, agulhas ou redondos, orientais, preciosos, sal do Himalaia, róseo, ao lado dos marinhos, guaranás da Amazônia, melado, cebola roxa, legumes japoneses, cogumelos de todos os tipos. Daí, só um passinho mais, fica difícil evitar a proteção animal como modo de estender o significado dessa prática alimentar aos costumes outros.

Fica difícil conceber a degola dos cabritos, a asfixia das pombas e as punhaladas nos porcos, fica impossível aceitar a manutenção da vida através da morte.

Costumo ouvir, quase sempre, que o vegetarianismo é caro.

Não é. Retira-se a carne do cardápio e mantém-se o prato colorido. É mais barato.

Logo, entretanto, começam as descobertas, os acrescentamentos. Puro gosto, pura gula. Faz parte, assim como faz parte dessa nova vida o resgate dos cachorrinhos, dos gatos, dos cavalos. Faz parte.

Entretanto, salta sobre todos a cizânia do bem-estar animal.

Lembro-me de mim, quando penso nisso, eu falando, conversando, afirmando que os horrores dos abatedouros poderiam ser evitados, se inevitável fosse o abate, mas a metodologia dobrava-se à ganância, pois a morte piedosa custaria mais, reduzindo o lucro dos agentes envolvidos.

Defendi por quatro extensos dias que a morte indolor seria defensável, uma vez que o desfecho era inevitável. Eu fiz isso. Quando me peguei perplexo em um rápido processo de transformação, de onívoro a vegetariano, ovolacto, defendi que os animais deveriam merecer uma vida condigna para servir, depois, como alimento.

Eu não sabia, mas esse é um modo de ver e de pensar que encontra abrigo.

No GreenPeace existem militantes carnivoristas, ovolacto e veganos, além de crudívoros e frugívoros. A Peta abriga militantes de diversas correntes. As ONGs dos protetores têm voluntários atuantes que consomem carne. Hipocrisia? Não! Um modo, digamos, moderado de viver a mesma questão.

Entendem alguns que os animais podem servir ao homem, inclusive como alimento, para consumo e até experimentos, desde que sejam observadas condições ideais de vida e mesmo de morte. Para esses, não haveria nenhum mal em assar carneiros, desde que eles fossem tratados de forma "humanitária" (e já não são tratados com *humanidade*?) durante suas vidas e, chegada a sua hora maior, enfrentassem-na de alguma forma sedados. Claro, algumas modalidades de proteína animal seriam banidas, como o inominável foie gras e o inefável vitelo, dois atestados da nossa primitiva insanidade. Na outra ponta, abater cabritos e carneiros, bois e porcos, de boa idade, criação orgânica e ensolarada, seria aceitável e mesmo compreensível. Incoerência? Não posso me esquecer da minha defesa desse modo de pensar e viver lá no antes, nas descobertas. Eu era sincero.

Hoje, todavia, pertenço ao outro grupo.

Minoritários, somos os radicais, extremistas defensores do fim de todos os tipos de exploração animal. Para nós, somos seres vivos, habitantes e condôminos da Terra, em nada superiores a quaisquer outros, detentores dos mesmos direitos. Não temos o direito de matar, nem de usar outros animais e seres vivos como se fossem integrantes de um elenco de coisas colocadas à nossa disposição, para a vida ou para a morte.

É lícito cortar a jugular dos cabritos, dos gatos e das galinhas, abandonando seus corpos para apodrecer nos altares do mais sanguinolento Moloc? Que sentido tem o que fazemos quando aceitamos que o sofrimento de um animal imolado satisfaz deuses e apetites, qual a diferença entre as duas vertentes?

Sim, o bom-mocismo cedeu ao irado. Fico perplexo ao contemplar a perplexidade dos outros: “Mas um peixinho, um peixinho pode, não pode?”

Não, não pode.

Vai receita? Vai, que vou agora fazer um super-rápido cuscuz. ***Cuscuz paulista***, pois no Norte e no Nordeste o cuscuz é doce (às vezes salgado, mas só de cuscuzeiro, aliás delicioso) e eu quero algo muito rápido, de panela comum.

Ponho logo uma panela no fogo e 1 litro de caldo de legumes, previamente preparado (mantenho pacotes no freezer para eventuais preparações urgentes). Vamos direto para a indústria: palmito de pupunha, 1 vidro, de excelente qualidade, bem macio. Corto em rodelas todos os palmitos do vidro, ou pico, pois ele vai se desfazer em parte, quando mexer o cuscuz.

Acrescento ao caldo fervente milho verde, ervilhas frescas, pedacinhos de pimentão (não muito), de azeitonas verdes e pretas e pedaços de tomates vermelhos, sem pele e sem sementes. Fervo um pouco.

Coloco um pouco de farinha de milho bijou, acrescento 1 pires de farinha de mandioca, aos poucos, e coloco mais farinha de milho, o quanto baste para que a massa fique consistente, enformável. Coloco em fôrma redonda, com cone no meio, enfeitando com rodelas de cebola, rodelas de tomates (finas) e palmito desfiado, grudados nas paredes da fôrma, com azeite extra virgem, antes de despejar a massa.

Espero esfriar, desenformo e corto em fatias. Sirvo acompanhado por salada de alface.

É um final bem feliz, que nem chega a ser tão natureba assim.

Agora, quanto ao bem-estar animal, creio que posso vê-lo como um estágio. Não consigo crer na magnanimidade do homem, nem consigo me ver como um super-homem, mudando o curso da história como um deus, que foi Gil quem falou primeiro.

CAPÍTULO LV

O purê basta-se a si mesmo

Quer fazer um *Purê de mandioquinha*? Cozinhe muito bem, com água e sal, as mandioquinhas raspadas levemente.

Amasse ou bata no liquidificador.

Está pronto.

Quer ainda mais texto para um capítulo, criatura insaciável?

CAPÍTULO LVI

Aquecimento global

Gente, cebola vai bem? Então, este prato é para você, amigo *ceboleiro*. Um ***Couscous assado em cebola roxa***, em que eu gasto duzentos (este número eu ofereço para aquela moça da padaria, que sempre me corrigia, falando *duzentas*) gramas de couscous marroquino, 80 g de quinoa, 2 tomates, salsinha a gosto, 150 g de amêndoas trituradas, 1 dúzia de cebolas roxas, sal, azeite e pimenta-do-reino moída na hora, o quanto baste para o seu gosto (não, ela não deve fazer mal a você, eu acho, pergunte aos alemães).

Retiro a casca das cebolas com cuidado e cozinho-as na panela de pressão por uns 10 ou 15 minutos. Cozinho à parte a quinoa, até que fique macia, e também reservo. O couscous marroquino, coloco-o em uma vasilha com água fervente, o suficiente para cobri-lo, hidratando-o por 20 a 30 minutos.

Pico a salsinha, o tomate, as amêndoas (estas eu trituro no processador, por questão de preguiça).

Então, a magia: Corto o tampo das cebolas e cavo dentro delas, retirando o miolo, o mais possível. Esse miolo e o tampo cortado vou usar no refogado que farei a seguir.

Refogo o couscous no azeite com a cebola, o tomate, a salsinha, as amêndoas, a quinoa. Recheio as cebolas com esse refogado e levo ao forno, até dourar, cobrindo as cebolas recheadas com papel-alumínio. Salada de alface americana, ou mix de alfaces (lisa, roxa, crespa, americana, mimosa, anã, o que tiver), vai muito bem acompanhando.

É um prato gostoso e inocente, pois a emissão de gases que agravam o efeito estufa consiste apenas no transporte desses produtos entre a roça e a minha cozinha, creio. Insignificante.

Enquanto isso, a Amazônia amputada embute um custo invisível que não se internaliza no preço da carne: o custo do desmatamento pelas queimadas.

Estamos consumindo em todo o país carne defumada pela queima das madeiras mais nobres, muitas centenárias, sem que ninguém, além dos tão mal falados ambientalistas, se comova com as perdas da flora e – óbvio! – da fauna, uma visão do inferno.

De acordo com dados da ONU, 18% dos gases que agravam o efeito estufa e, na decorrência, o aquecimento global (aquecimento global = expressão que vem entrando para o rol dos sintagmas desgastados, que aparentemente nada mais dizem, tal o grau de desinformação, de desgaste, de véus que obnubilam fatos e fazem triunfar interesses), vêm da produção da carne, considerada em todos os seus aspectos, enquanto ao transporte (a soma de todas as modalidades de transporte, em todo o mundo) cabem 12%, meros 12%, comparativamente falando.

Em um quarto de século, uma área superior ao Mato Grosso do Sul foi desmatada na Amazônia pelo agronegócio (que a propaganda tenta fazer passar como o grande responsável pela pujança do Brasil, o motor *sine qua non*) para a abertura de pastos e plantio de soja (o novo vilão), destinada em 98%, aproximadamente, à alimentação de gado, europeu especialmente. A carga atmosférica de gases agravantes do efeito estufa, devido às atividades humanas, atingiu níveis nunca antes registrados desde a era pré-industrial: os níveis de dióxido de carbono subiram para 2,3 partes por milhão entre 2009 e 2010, maiores que a média da última década de 2,0 partes por milhão, segundo o novo relatório da Organização Meteorológica Mundial (OMM).

"As pessoas deveriam reduzir o consumo de carne como contribuição pessoal para combater a mudança climática", diz Rajenda Pachauri, presidente do IPCC (Painel Intergovernamental de Especialistas das Nações Unidas sobre Mudança Climática). Ele declarou ao jornal *The Observer* que as pessoas deveriam deixar de comer carne ao menos um dia por semana para, posteriormente, ir reduzindo ainda mais o consumo. O economista indiano argumenta que "uma mudança na dieta seria muito importante na luta contra a mudança climática porque, com a redução do consumo de carne, se reduziriam também as emissões de gases de efeito estufa e problemas ambientais como a destruição de habitats naturais pela criação de gado". Em um relatório de 2007, o IPCC alertou que, se não forem tomadas medidas, a mudança climática provocará fome, secas, tempestades e perdas em massa de espécies. Este grupo ganhou o Prêmio Nobel da Paz em 2007 junto com o ex-vice-presidente americano Al Gore (imagino que você, leitor, já assistiu ao documentário *Uma Verdade Inconveniente*, de Al Gore, e a *Uma verdade mais do que inconveniente* e também a *A verdade sobre uma verdade inconveniente*. Não?)

* * *

Batata crua é tudo de bom. Gosto de várias maneiras. Esta aqui é uma delícia: ***Salada de batatas cruas***. Sei que o tempero com vinagre vai deixar os crudívoros bravos, mas esta é outra receita, diferente daquela amornada crudívora que registrei lá atrás. Corto as batatas em palitos e ponho em água fervendo para cozinhar por 1 minuto apenas. Elas têm que ficar apenas tenras, bem firmes (cuidado com o tempo, elas têm de ser cruas: 1 minuto!), e esfriar, sem nenhuma água, antes da utilização. Preparo o molho com 1 colher (sopa) de açúcar, 1 colher (sopa) de missô, 1 colher (sopa) de vinagre branco (gosto muito daqueles usados como tempero para sushi), 1/2 colher (sopa) de mostarda, 1/2 colher (sopa) de açafrão-da-terra, 1/2 xícara (chá) de caldo de legumes. Mexo até se tornar homogêneo e despejo sobre as batatas. Sim, o salzinho é opcional.

CAPÍTULO LVII

Venha mais um capítulo

Cá estou eu sem saber o que fazer. Fico me perguntando todo o tempo sobre os meus objetivos, as minhas razões. Não me farto dessa metalinguagem sem fim, ou desses disparos intertextuais? Creio que isso faz parte. Mas me perdi. Comecei com um diário, não me furtei com relação às razões do veganismo, algumas eu inseri bem enfaticamente: a crueldade da criação, do abate; o estado terminal do planeta; a indústria e os mitos. Faltaria falar dos benefícios que uma dieta isenta de produtos de origem animal oferece. Mas será esse o caso? Falo?

Não me pus a escrever para doutrinar, embora tenha que admitir que adoraria fazer isso. Por que não? Sou um militante dessa causa, sempre o declaro. Mas não posso perder o foco, não posso me afastar dos meus objetivos iniciais. E é o que eu faria, se soubesse quais são. Este livro aconteceu. Simples assim. Começou, ganhou até uma porção de receitas e agora ameaça aproximar-se do término sem cumprir sua missão. Qual seria?

Veganos são formiguinhas, e a mim não agradaria (pelo contrário, desesperaria) fazer o papel do gajo cumpridor que faz, ao menos, sua parte. É esse o dilema real: saber-se parte de um momento histórico e desejar-se parte ativa, exigir-se sujeito, jamais objeto. Qual a distância psicológica entre sujeito e objeto?

Devo acrescentar os benefícios à saúde? Estendo-me sobre os malefícios da dieta onívora? Carrego nas tintas e suplico compaixão para com esses inocentes? Saio da vida pra entrar na história? Que diabos!?

Enquanto penso, venha mais um capítulo, que o tempo não para.

* * *

Pronto! Pensei e não vou pôr.

Todo mundo já sabe que carne causa os mais diversos males, inclusive o câncer, e que os vegetais (orgânicos) são vida. Por que devo alongar-me nesse assunto agora?

Agora sim. Venha o próximo capítulo.

CAPÍTULO LVIII

Na casa do cunhado

Faz acho que uns quatro anos. Levei comida vegana à casa do meu cunhado (manja "cunhado"?), carnivorista convicto que, acalentando a gota, não perdia a mania do churras. E a parentada ia. Sob o cartaz "Esconde a cerveja, o cunhado chegou" (que, aliás, fora presente de um concunhado), ele sempre fazia questão de receber bem, com os braços abertos, fazendo – muito bem! – o papel de Casa Grande.

Eu andava me negando aos festins, mas os argumentos da Betania eram muito fortes, havia a mãe dela, afinal, a minha sogra, outra carnivorista convicta, das "asinhas", das "gordurinhas", não sabe? Eu precisava ir. Era Dia das Mães, era Natal, era Páscoa, era aniversário, quatro datas obrigatórias, no mínimo, fora todos os outros aniversários. E tome linguiça, tome picanha, tome asa, coração... Eu, de antigo comensal, virado do avesso, um estranho vegano no ninho da comilança, uma única cunhada por aliada, correndo riscos sérios de ficar no arroz com verduras (orgânicas, porque ainda as tem a Mi, a concunhada de Okinawa (província japonesa do reino de Ryukyu, independente originalmente, e até hoje possuidora de uma cultura própria e de uma história diferente da do resto do Japão), uma nobre aquisição da família e que aos poucos vai oferecendo algumas doses de bom senso e alimentação saudável ao clã, claro que de maneira bem mais palatável do que as opiniões do radical aqui.

Naquele dia, portanto, resolvi levar meu prato. Fiz uma travessa de *seitan* (glúten) com batatas, entremeadas de salsichas e linguiças veganas, além de cebolas, tudo regadinho com azeite, no forno até dourar. Não deu pra quem quis. Levaram até *quentinhas*.

Passei a repetir minhas contribuições e, certa vez, percebi que a salada de legumes com maionese vegana havia terminado antes mesmo de eu comer, jazendo sobre a mesa uma travessa enorme da maionese tradicional. Alarmado, abri o forno onde eram aquecidos os salgadinhos veganos que levara. Por derradeiro, havia algumas esfirras, alguns poucos quibes, dois minipastéis de forno. Coloquei as sobras veganas em um prato e o escondi, para comer depois. Pode? Pode!

Vejamos o tamanho da encrenca: olham para mim com certo apiedamento, porque, coitado, ele não come carne! Gracinhas e piadinhas (o estoque é sempre o mesmo) escondem um certo sentimento de não sei o quê, caras e bocas contrariadas rejeitam a ideia do veganismo. Na hora de comer, contudo, a comida vegana é reconhecida como mais saborosa e desaparece rapidamente, a grelha podendo esperar, para mais tarde, enquanto se devoram os petiscos aprioristicamente rejeitados. O pretexto é o de sempre: "Posso provar um pedacinho para ver como é que é isso?"

Claro que pode! Tenho a maior satisfação (embora sempre reserve preventivamente o meu próprio almoço sobre algum armário alto) e o maior interesse em ver mudar a ideia preconceituosa. Nunca me faço de rogado. Sempre que vou, procuro levar o bastante para todos. Bom apetite!

Já comeu ***Bife de glúten à milanesa***? É delicioso. Prepare os bifes (lá no capítulo XXXIII, tem a receita) e passe-os no creme de leite de soja, para a seguir empaná-los na farinha de rosca mais simpática que conseguir (farinha de rosca simpática: aquela que eu mesmo faço torrando e depois moendo os pães que não foram consumidos enquanto estavam fresquinhos). Eu os frito em óleo de canola, ou mesmo de girassol, milho, até dourarem.

Também gosto de parmegiana, bastando cobri-los com um belo molho e, por cima de tudo, um tofupiry, para levar ao forno e gratinar. ***Tofupiry***? Fácil demais. Eu uso 500 g de tofu, 100 g de azeite extra virgem, 10 g de sal aproximadamente (mas sal é sempre a gosto), 50 ml de suco de limão (suco de 1/2 limão), 100 g de polvilho azedo e leite vegetal.

Bato no liquidificador o tofu e o azeite; acrescento o sal, o suco de limão e o polvilho azedo. Depois de bem batido (obtendo um creme liso), levo ao fogo para dar ponto de requeijão acrescentando leite vegetal aos poucos. É muito saboroso, mas não é queijo, não é requeijão, é *tofupiry*.

CAPÍTULO LIX

Quase não como carne

É muito comum a debandada para o almoço. Vejo os colegas desaparecerem – estavam ali agorinha mesmo –, justo eles que dizem "Sabe, eu como muito pouca carne, quase nada". É mentira deles.

Não entendo bem por que razão as pessoas mentem para os vegetarianos, e o fazem logo que descobrem estarem diante de um dessezinhos aí. Ninguém perguntou, mas eles se preocupam em anunciar que quase não comem carne. Vontade de agradar?

Quando novo no ramo, eu acreditava, achava muito interessante haver pessoas diferentes de mim, sempre um glutão carnivorista incorrigível, crismadíssimo. Nossa! Uma pessoa que come pouca carne, que não liga para a carne. Que estranho! Que bom pra você!, eu dizia.

Passado algum tempo, mais um pouco de intimidade, as pessoas começam a sumir das vistas do vegetariano, esse incômodo passageiro da mesma nave, especialmente na hora do almoço, da fugida ao boteco da esquina, do lanchinho, a famosa boquinha, sempre em bandos e em revoadas. Vão, como pombas, ao encontro exatamente daquilo que as leva àquelas justificativas conversa-mole-pra-boi-dormir. Será a consciência de que o vegetarianismo estaria em um caminho mais defensável? Pura vontade de atender aos desejos nem um pouco secretos do coleguinha vegetariano? Fazer-se simpático? O constrangimento que sentem? O constrangimento que não querem ver sentir o amigo vegê ao negar-se na enésima vez a acompanhá-los?

De qualquer maneira, seja o que for, é até nobre, só talvez um pouco covarde. Em vez de forçarem um "obrigado, não" novamente, agem de forma pudica e desaparecem, cúmplices. Cada qual com seus B.Os.? Claro que sim! E, a propósito, antes que me convidem:

— Não! Obrigado.

Pra comemorar esta quase catarse, na verdade só um comentário picante, vou preparar ***Acelga apimentada***. Adoro! Pego algumas folhas de acelga, daquelas do interior do pé, lavo e pico em quadradinhos. Salgo levemente e reservo, para desidratar um pouco. Bato 1 pimentão vermelho com um pouco de caldo de legumes (que eu preparo previamente e deixo no congelador para usar quando necessário). Despejo o pimentão batido em uma tigela e acrescento 1 colher (chá) de açúcar, pimenta vermelha em pó (ou páprica picante, de excelente procedência) e a acelga, devidamente escorrida da água que perdeu. Coloco na geladeira por várias horas antes de usar. Como com arroz. Excelente também para acompanhar um bife de glúten à milanesa.

CAPÍTULO LX

Empadinhas de carne humana

Fica muito claro que se alguém resolver comer carne, que o faça – em seu próprio bem – escolhendo para devorar animais criados de acordo com a sua (deles) natureza (há muito o que temer na carne dos animais criados à base de antibióticos e hormônios, sem falar nas substâncias tóxicas que o próprio animal libera em seu corpo, por medo, durante o abate cruel) e isso implica uma vida livre, alimentação no pasto, capim (no caso dos herbívoros, como o gado vacum) e mananciais.

Mas é mesmo necessário comer bichos?

Quando comemos carne, comemos o quê? Comemos aquilo de que a carne é feita, comemos aquilo que os animais comeram. Se eles foram alimentados com milho transgênico, comemos milho transgênico. Se foram alimentados com ração, comemos ração, se com capim, comemos capim, se com hormônios e antibióticos, bem... Mas há uma desproporção estranha aí.

Ocorre que para cada porção de carne que comemos, muitas porções de alimentos são jogadas na lata de lixo. Isso mesmo, não há outro nome para esse desperdício. Faça as contas.

Toda a comida que damos aos animais para que cresçam é processada e transformada pelo organismo deles, virando nos pedaços que habitam as bandejas de isopor nos supermercados. Esquecemos de que apenas uma pequena parte da comida que damos a eles se transforma em carne, algo em torno de 26 calorias como dispêndio para cada caloria produzida. Isso mesmo! Nada menos que 25 são desperdiçadas.

Quer acabar com a fome no mundo? É possível fazer isso imediatamente, bastando destinar ao consumo humano todos os grãos que hoje se destinam à alimentação animal. Em outras palavras: a maior parte da comida produzida no mundo é utilizada para a produção da carne que alimentará, quando muito, apenas 10% da humanidade.

A indústria, entretanto, não dorme. O agronegócio já percebeu que há espaço para aumentar essa demanda, bastando convencer as pessoas de que "carne é saudável, carne é natural, carne faz bem" e baratear o seu preço final. Todos os esforços estão sendo envidados para isso, mas os recursos são finitos e mais do que um planeta Terra seria necessário para universalizar a oferta.

Enquanto mais de um bilhão de pessoas passam fome no mundo, destinam-se cem milhões de toneladas de grãos e cereais para produzir etanol e 756 milhões de toneladas de grãos e cereais para a alimentação animal (sem incluir aí 98% das colheitas globais de soja, ou 225 milhões de toneladas, também destinadas ao mesmo fim). Aliás, é bom citar a soja, pois volta e meia os vegetarianos são acusados de serem os responsáveis pelo desmatamento amazônico porque comem soja sob diversas formas. Essa é de rir largado.

Todas as vezes em que optamos por nos alimentar de carne, participamos desse festival de insanidade, a manutenção dos preços da comida em níveis insuportáveis para as pessoas mais pobres, em nome de um vício, um luxo, um capricho ditado pela cultura mais equivocada. Existe um custo ambiental insuportável, uma crueldade sem limites e uma política de custos que não fecha suas contas.

Alguma luz surge, sim, no fim do túnel, pois os desacertos econômicos elevam os preços dos combustíveis fósseis e dos produtos químicos utilizados na pecuária, resultando em aumento do preço do gado e dos cereais. Dessa forma, os subsídios que a indústria da carne "cavou" nos países produtores acabaram por "cavar" uma situação insustentável, como brevemente ficará claro. Os governos terão que se decidir entre manter a ficção ou permitir o realinhamento dos fatos.

Prêmio Nobel da Paz por seu trabalho relacionado ao clima, R.K. Pachauri argumenta que o vegetarianismo deveria ser a dieta adotada por todos. Não nos esqueçamos: os outros animais são carne, ossos, sangue. Têm, como nós, medo, tristeza, alegrias, dor, fome e frio. Têm os mesmos sentidos, audição, visão, paladar, olfato e tato. As diferenças entre nós são insignificantes, e tanto que não se deve estranhar o fato de que os integrantes de uma estranha seita em Garanhuns, Pernambuco, praticavam canibalismo e vendiam para bares e restaurantes da cidade empadas feitas à base de carne humana, a carne das mulheres que foram assassinadas por eles nos seus rituais. Muitos dos habitantes daquela cidade comeram carne humana sem perceber que não estavam comendo carne de porco nem frango. É uma história que se repete na vida real (já houve casos no Canadá e na Europa) e na ficção, como no filme *Sweeney Todd – O Barbeiro Demoníaco da Rua Fleet*, de Tim Burton, com Johnny Depp e Helena Bonham Carter.

Mas insistimos em chamar de instintos todos os sinais de inteligência e sensibilidade que os outros animais nos enviam, repetindo o comportamento dos senhores de escravos, nas nossas tristes memórias, que alegavam serem todos animais sem alma, não pensantes, insensíveis.

Algo precisa ser feito.

Se vegetarianos e veganos são românticos sonhadores, que bom que o sejam. Das atitudes românticas de hoje brotará um futuro melhor. Poderá levar décadas, centenas de anos, mas sem o romantismo primordial nada acontecerá.

Receita, agora, não. Eca!

CAPÍTULO LXI

Bocejando

Abrir a boca de sono. É interessante isso, chama-se bocejar. Por que será que bocejamos? É quase intolerável, ao tempo em que também é incontrolável. Já pensou nisso?

Se bater um soninho, de repente, lá vem ele, o bocejo. Percebeu como os bebês bocejam? E rimos, identificados – ele é como todos!, pensamos, divertidos. Uma cena e tanto.

Se estamos rezando, o bocejo pode ser "a presença", se assistimos a uma aula, é o próprio tédio (não fica *bem* bocejar numa situação dessas, ao ouvir relatos, explanações) e procuramos abrir a boca o mínimo possível, a mão bancando a peneira, porque o sol brilha alto – vexame!

E a praga da corrente, então? Numa roda, alguém abre a bocarra e, a partir daí, um por um, lá se vão todos, bocejando, por sua vez. Chama-se reflexo condicionado, quase uma necessidade, difícil de explicar, uma identificação brutal, uma amarração.

Meu leitor já percebeu aonde quero chegar, não é? Pois. Tenho visto cenas de bocejo entre os outros animais, cenas muito bonitinhas e divertidas no Mundo Animal, coisinha meiga. São como nós? Sei que todos já vimos essas e muitas outras, basta olhar e efetivamente ver, sentir, perceber, inteirar-se.

Por que escrevo sobre isso? É que acabei de abrir-me em um amplo e barulhento bocejo, seguido de perto pelo meu companheiro e anjo protetor, este peludo que nos acolhe a todos com carinho em *sua* casa. Sim, eu bocejei e ele, incontrolável, teve um... reflexo condicionado. Fico por aqui, o resto são conclusões. Fico com as minhas, cada um que tire as suas.

Que tal uma ***Feijoada***?

Cozinho feijão preto com fatias de tofu defumado. Ponho folhas de louro (tem gente que não gosta).

À parte, preparo um panelão de presunto vegetal, salsicha vegetal, linguiça vegetal, glutadela, pedaços de seitan, carne vegetal em lata, PVT em pedaços, cogumelos shimeji. Tempero muito bem com muito alho e cebola e junto ao feijão já cozido, mas ainda não apurado. Deixo apurando enquanto faço o arroz, a farofa e a couve-manteiga no azeite. Pimenta na mesa e comer-comer.

CAPÍTULO LXII

Abate humanitário

Como disse antes, defendi por algum tempo, algumas horas, o *abate humanitário*, como se algum abate pudesse ser humanitário (deixemos minha língua em paz, por ora, pois humanitário tornou-se para mim semantema nada lisonjeiro), digamos, piedoso. Já contei isso, bradei até, que esse abate seria possível, porém mais caro, sendo essa a razão por que não seria adotado pela indústria.

Tudo deriva do bem-estarismo, essa tendência que, aos poucos, parece ser de alguma forma defensável, isto é, dar aos animais criados para servirem como alimento o máximo de bem-estar possível durante suas curtas existências e a morte mais indolor possível. Sim, defendi quando nos meus útimos momentos como onívoro, quase uma tentativa desesperada de manter o *status quo*, indignando-me apenas quanto à forma do abate, como se pudesse haver algum mérito em matar de outras maneiras.

Num matadouro (agora os chamam de abatedouros, porque isso parece soar menos), o gado é conduzido por estreitos caminhos, que se afunilam de modo a permitir apenas um indivíduo por vez, até uma *praça* de atordoamento. Lá, com a cabeça de algum modo fixada, recebe uma estaca de aço entre os olhos, perfurando-lhe o crânio e até o cérebro, recuando, em seguida, para dentro da pistola automática, manejada pelo operador. Teoricamente, isso deveria levar o animal à inconsciência ou à morte, pois ele é então imediatamente sangrado, partido, esquartejado. Teoricamente, apenas, pois na prática ele pode acordar do golpe, consciência plena, durante o "processo", e isso depende muito da destreza do operador, da pressa com que se exige seu desempenho, da quantidade de animais na fila e das condições de manutenção em que se encontra o maquinário.

Tratando-se de um equipamento pneumático, pequenos e imperceptíveis vazamentos, ou disparos extemporâneos, podem ser determinantes de disparos inadequados que causam ferimentos muito dolorosos mas não eliminam sensibilidade e consciência.

A pressa no processamento, porém, não permite maiores observações sobre o seu estado e ele é levado ao próximo estágio, do sangramento ao esquartejamento, suspenso por uma das patas, debatendo-se, enquanto agoniza, cortadas as artérias da carótida e a veia jugular do pescoço. E isso é até desejável para a indústria porque, de alguma forma, seu sangramento ocorrerá de maneira mais eficiente, mais rápida: sangue na carne permite proliferação de bactérias e apodrecimento mais rápido nas prateleiras do varejo, compromete seu valor. É isso. Os animais são mortos e esfolados ainda vivos – isso acontece sempre! – e ficam piscando os olhos e esticando o pescoço, de um lado para outro, freneticamente. Deveria ser apenas uma carcaça, mas ainda é um ser vivo, que lutaria, se pudesse, pela sobrevivência. Finalmente eviscerado e cortado ao meio, depois de esfolado, já o boi se parece com aqueles imensos pedaços que vemos ao serem descarregados dos caminhões dos frigoríficos sobre o ombro de carregadores de avental ensanguentado, levados para os ganchos dos açougues, onde se vendem aos bifes.

Uma receita gostosa: ***Picadinho de PVT***.

A primeira coisa que faço é hidratar a PVT (daquela em pedaços grandes), e bem, com água fervente e um pouco de gengibre por uns 20 minutos; depois, espremo e lavo em água fria (duas vezes). Isso é excesso de preciosismo. Obrigatório não é, mas PVT é proteína desidratada e eu gosto de deixar sem nenhum tipo de odor.

Preparo então um belíssimo tempero com muito alho (porque eu gosto mesmo e é saudável), cebola ralada, cheiro-verde, pimenta-do-reino (só para quem gosta), gotas de limão. Coloco nele a PVT hidratada e deixo marinando por algum tempo, até absorver bem o tempero. Em seguida, dou uma empanada ligeira em creme de cebola ou em farinha de trigo integral orgânica (tudo dependendo do seu grau de exigências saudáveis). Em seguida, jogo em uma frigideira grande, com azeite bem quente, e mexo, mexo, mexo, até quase dourar.

Essa é a base. O sabor já está garantido.

Em outra panela, refogo alho, cebola, pedacinhos de pimentão de várias cores, se tiver, pedacinhos de tomate, tudo na quantidade que suas preferências determinarem. Coloco então a PVT e deixo cozinhar um pouco. Acrescento pedaços de batatinha, de batata-doce e de batata-baroa (mandioquinha), água fervente (para cobrir tudo) e deixo cozinhar.

Quando os tubérculos estão macios e o caldo "gostoso" (encorpado só o suficiente para molhar pedacinhos de pão nele), desligo o fogo e salpico salsinha bem picadinha.

Isso vale até como prato único.

Faça variações: ponha cogumelos, de qualquer tipo, ponha azeitonas, pedacinhos de repolho, enfim, o que a imaginação recomendar. Chame amigos para compartilhar. Chame a turma do próximo capítulo.

CAPÍTULO LXIII

Cadê os outros?

Somos muitos e estamos por toda parte. Podemos ser encontrados em livros, revistas, restaurantes. Estamos nas escolas, das estantes às carteiras, estamos a seu lado, no ônibus, no cinema, no teatro, nas filas dos bancos e dos supermercados.

Estamos nos organismos internacionais, da ONU às ONGs mais insuspeitas, no telemarketing das empresas, nos governos, na diretoria das empresas e no quadro dos funcionários de todos os escalões. Somos muitos e estamos em atividade.

Nossa utopia é a única que se mantém de pé, entre todas as utopias *redentoras*, apesar dos pesares, porque é coletiva e não é um fim em si mesma, mas um caminho, um *I have a dream*, um *Imagine*, um sonho que, por incrível que pareça, tem a convicção de que pode continuar na vigília de todos. Não temos pressa, mas consciência de que há um percurso a ser cumprido e de que estamos no início de um processo onde desempenhamos um sabido papel coadjuvante, que aceitamos com satisfação. Até atores coadjuvantes ganham lauréis, e nos esforçamos por eles, presentes em cada passo à frente, em cada conquista, em cada oportunidade de difusão das normas da compaixão.

No Brasil, temos endereços já bem conhecidos e um dos principais é o www.institutoninarosa.org.br, que produziu o documentário A *Carne é Fraca*, que teve uma importância enorme na minha vida, uma referência já internacional sobre as questões que envolvem o vegetarianismo. Entre outros trabalhos, Nina Rosa produziu *Vegana, Uma História de Amor e Respeito por Todos os Seres Vivos* (animação); *Não Matarás, os Animais e os Homens nos Bastidores da Ciência*; *O Gato Como Ele É*; *Criando um Amigo*; *Fulaninho, o Cão Que Ninguém Queria*; *Olhar e Ver*; *Vida de Cavalo* e *Aprendendo a Cuidar*. É um endereço eletrônico que não pode faltar no rol dos contatos de um ativista ou simpatizante, assim como o www.svb.org.br, da Sociedade Vegetariana Brasileira, ou o www.uvi.org, da União Vegetariana Internacional.

Tenho que indicar outros endereços, obrigatórios para pesquisas, contatos, conhecimento de eventos, como o www.vegetarianismo.com.br, www.alimentacaosemcarne.com.br, www.guiavegano.com.br, www.pea.org.br, www.scielo.br, www.ncbi.nlm.nih.gov/pubmed e o delicioso "entregas a domicílio" do www.larvegetarianovegan.com.br.

Do rol de publicações especializadas, guardo há anos todos os exemplares da *Revista dos Vegetarianos*, da qual sou assinante, pois há artigos sérios e matérias importantes sobre os mais diversos assuntos, e faço buscas constantes na rede. As notícias são muitas e sempre há novidades, como o resultado das últimas pesquisas. Harvard, por exemplo, Universidade das mais respeitadas, concluiu em 2012 o acompanhamento por vinte anos de 120 mil pessoas, um contingente expressivo, que resultou na associação do consumo da carne vermelha à maior probabilidade de morte prematura por câncer e doenças cardiovasculares. Esses dados não são novidade nos meios vegetarianos, mas emergem com força redobrada e credibilidade porque vêm das hostes onívoras, digamos assim, livres da suspeição que impregna o alerta ativista, frequentemente visto com maus olhos.

Filmes e documentários são muitos. *Terráqueos* é um filme-documentário que expõe a dependência da humanidade em relação aos animais (para estimação, alimentação, vestuário, diversão e desenvolvimento científico), uma demonstração do desrespeito humano. Narrado por Joaquin Phoenix, é uma produção norte-americana de 2005, escrito, produzido e dirigido por Shaun Monson, com trilha sonora composta pelo artista Moby. Entra profundamente no mundo das *pet shops*, dos criatórios de filhotes, dos abrigos de animais, bem como em fazendas industriais, no comércio de couro e peles, na indústria de esporte e entreterimento, e finalmente na carreira médica e científica. Usa filmagens inesperadas com câmaras escondidas para narrar o inenarrável. É impactante e obrigatório.

The Cove (A enseada), vencedor do Oscar de 2010, dirigido pelo americano Louie Psihoyos, aborda o sangrento massacre de golfinhos em Taiji, cidade litorânea de 3,5 mil habitantes, onde os pescadores alegam que a caça desses mamíferos é uma tradição centenária. Exemplo de jornalismo investigativo, utilizando microfones ocultos e câmaras, a equipe descobre como esta pequena aldeia costeira serve como um microcosmo massivo horripilante de crimes ecológicos.

Em *Uma Verdade Inconveniente*, o ex-vice-presidente dos Estados Unidos, Al Gore, apresenta uma análise da questão do aquecimento global, mostrando os mitos e equívocos existentes em torno do tema e também possíveis saídas para que o planeta não passe por uma catástrofe climática nas próximas décadas. É importantíssimo. Na mesma linha, *The 11th Hour* (A 11ª hora), de Leonardo DiCaprio, mostra imagens impressionantes dos fatos que tornam cada vez mais incerto o futuro planetário. Já *Meat The Truth – Uma Verdade Mais Que Inconveniente* expõe a enorme lacuna que o documentário de Al Gore deixou – ao que consta, por motivos muito pessoais: a participação mais que relevante da pecuária nas mudanças climáticas que castigam o mundo. Para dar comprovação aos dados, a deputada e ativista holandesa Marianne Thieme citou o estudo da FAO – Organização das Nações Unidas para Agricultura e Alimentação que mostra a pecuária como maior vilã do clima global.

Há muitos outros e, entre eles, *Acorde (Wake Up)*, produzido pelo site Vista-se; *Behind the Mask* (Por trás da máscara), documentário estadunidense sobre grupo de resgate de animais em laboratórios, centros de zoonose, vivissecção e outros; a ALF – Animal Liberation Front, que não mede esforços, arriscando até mesmo a vida para salvar animais; *Meat your Meet* (Conheça sua carne), da Peta, com Alec Baldwin; *Food, Inc.* (Alimentos S.A.); *Lisa, a vegetariana*; *The Vegetarian World* (O mundo vegetariano).

Sim, somos muitos. Estamos em atividade. Se há hoje uma causa coletiva, uma utopia, um rumo que valha, efetivamente, então o vegetarianismo se apresenta como sério candidato a exercer esse papel junto a essa nova geração de futuro tão ameaçado. Esses jovens terão que ser rápidos.

CAPÍTULO LXIV

A criação industrial não surgiu nem avançou a partir de uma necessidade de produzir mais comida – de "alimentar os famintos" – , mas de produzi-la de um modo que seja lucrativo às companhias do agronegócio. As criações industriais são movidas pelo dinheiro.

Jonathan Safran Foer

sem inicial maiúscula e sem ponto final, este capítulo guarda essas duas exceções por duas razões também: porque não começou pelo começo e porque estou longe, muito longe do fim do *bom combate*. A forma deste capítulo diz muito bem do dilema do vegano: abandonar-se ao que pretende a sociedade, fazendo ouvidos moucos ao lamento de tantos seres inocentes ou, ao contrário, manter-se como uma incômoda voz discordante, que pode acumular *perdas* no âmbito social?

Na primeira das escolhas do dilema, duas hipóteses. Uma, tornar-se onívoro. Para os veganos, essa decisão sabe ao impensável, em quase todos os casos, pois dificilmente se encontrará alguém passível dessa retransfiguração, alguém cuja motivação única seja a própria saúde ou a saúde do planeta ("ora, vamos! um pedacinho só não vai te fazer mal, nem provocará uma nova era glacial!"), ou qualquer outra que não contemple a compaixão. Essa, se sentida, integra um conjunto semântico ao qual não pertencem as atitudes regressivas, não há como dar meia-volta, dar-se por vencido, enxergar pelo avesso uma realidade por ele mesmo julgada inaceitável.

Já o ovolactovegetarianismo, por outro lado, como a outra hipótese, não deixa de ser uma atitude de contestação, sem embarcar na falta de conforto que integra a essência do veganismo. Nem tanto o leite, mas sempre o queijo, ou o ovo, isolados ou como componentes, parecem demasiado atraentes pelo fato de o seu consumo fornecer uma posição aparentemente inatacável: não haveria mortes (ledo engano), o mal seria menor, os males à saúde bem menores (mais um ledo engano), sem contar que no grupo social a inserção se tornaria facilitada. Por conta desses e de outros fatores, por que não?

Na segunda escolha do dilema, porém, as renúncias se mostram claramente. A simples presença do vegano parece ser uma nuvem cinzenta que paira ameaçadora sobre a alegria leve e irreverente dos grupos e das festas (justo ele, que se vê como *do Bem*, exemplar pronto e acabado do politicamente correto), uma presença censora, coibidora, um severo julgamento antecipado e preconceituoso. As perdas não demoram, das simpáticas piadinhas, sempre repetidas, à exclusão pura e simples, pois o grupo tem pressa e tudo parece acontecer à volta de uma mesa de comida. Ao renunciar, o vegano tem que saber que sua renúncia vai além das escolhas do que comer.

Claro que, de alguma maneira, isso até pode ser muito interessante e enriquecedor. Descobrem-se verdadeiros amigos, antes escondidos no toldo onde entram todos, do João Cabral de Melo Neto, ganha-se maior nitidez de palanque e, por causa disso mesmo, os ouvidos que ficam são de longe os mais atentos, prenunciando novos combatentes. A balança até se equilibra.

O dilema do vegano acaba por ser, enfim, um falso dilema, pois veganismo implica militância e combate. Uma vez alcançado, é um patamar que diz muito mais daqueles que nele se encontram do que eles mesmos se dão conta. Qualquer mera tentativa de ser resulta fracassada. Trata-se de decisão essencial e vem de dentro, do profundo; é irrecorrível, nada tem a ver com tentativas, com tornar-se. É descobrir-se como tal e explicitar razões, continuar

Índice de receitas

Referências bibliográficas

ATTWOOD, Charles R. *Dieta vegetariana para pais e filhos*. São Paulo: Madras, 2000.

BOUTENKO, Victoria. *12 passos para o crudivorismo: saúde e vitalidade sem alimentos cozidos*. Tradução Clara Allain. São Paulo: Alaúde, 2010. Título original: *12 Steps to Raw Foods: How to End Your Dependency on Cooked Food*.

CURCELLI, Ana Maria. *Cozinhando sem crueldade*. 5. ed. São Paulo: Colcha de Retalhos, 2006.

FOER, Jonathan Safran. *Comer animais*. Tradução Adriana Lisboa. Rio de Janeiro: Rocco, 2011. Título original: *Eating Animals*.

GONZALEZ, Alberto Peribanez. *Lugar de médico é na cozinha: cura e saúde pela alimentação viva*. São Paulo: Alaúde, 2008.

NAKASHIMA, Ivonete do Amaral Diaz; TEIXEIRA, Aparecida Alves Freires; NAKASHIMA, Paulo Cesar Alves. *Lar Vegetariano*. Preparação Denise de C. Rocha Delela. São Paulo: Cultrix, 2005.

POLLAN, Michael. *O dilema do onívoro: uma história natural de quatro refeições*. Tradução Claudio Figueiredo. Rio de Janeiro: Intrínseca, 2007. Título original: *The Omnivore's Dilemma: A Natural History of Four Meals*.

REVISTA DOS VEGETARIANOS, diversos números. São Paulo: Europa ed. 2007-2012.

SLYWITCH, Eric. *Virei vegetariano e agora?* São Paulo: Alaúde, 2010.